山西省智慧物流管理服务产业创新学科群
山西省高等学校中青年拔尖创新人才支持计划

家族涉入与企业创新

郭嘉琦　著

中国财经出版传媒集团
中国财政经济出版社

图书在版编目（CIP）数据

家族涉入与企业创新 / 郭嘉琦著. --北京：中国财政经济出版社，2021.5
ISBN 978 -7 -5223 -0378 -9

Ⅰ.①家… Ⅱ.①郭… Ⅲ.①家庭-私营企业-技术革新-研究-中国 Ⅳ.①F279.245

中国版本图书馆 CIP 数据核字（2021）第 025504 号

责任编辑：田明晖　　　　责任校对：胡永立
封面设计：孙俪铭　　　　责任印制：史大鹏

家族涉入与企业创新
JIAZU SHERU YU QIYE CHUANGXIN

中国财政经济出版社 出版

URL：http：//www. cfeph. cn
E-mail：cfeph@ cfeph. cn

社址：北京市海淀区阜成路甲 28 号　邮政编码：100142
营销中心电话：010 -88191522　编辑部门电话：010 -88190670
天猫网店：中国财政经济出版社旗舰店
网址：https：//zgczjjcbs. tmall. com
北京财经印刷厂印刷　各地新华书店经销
成品尺寸：170mm×240mm　16 开　9.75 印张　200 000 字
2021 年 5 月第 1 版　2021 年 5 月北京第 1 次印刷
定价：42.00 元
ISBN 978 -7 -5223 -0378 -9
（图书出现印装问题，本社负责调换，电话：010 -88190548）
本社质量投诉电话：010 -88190744
打击盗版举报热线：010 -88191661　QQ：2242791300

前　言

家族企业是我国经济发展的重要支撑力量。面对日益激烈的市场竞争，家族企业想要实现可持续发展，必须进行企业的转型升级。已有研究普遍认可在企业的转型升级过程中，创新投资是至关重要的一个环节。但很多实证研究也显示家族企业的实际创新投入远低于非家族企业。可见，虽然创新已深受学者们和企业的重视，但家族企业的创新投入仍十分薄弱。那么到底是什么因素造成家族企业在创新投资过程中有如此“畏难”表现呢？家族涉入作为家族企业独有的特征，会使企业形成独有的非经济的社会情感财富（SEW）目标，而 SEW 在家族企业的决策中扮演着重要角色，直接影响了企业的创新活动。在创新活动的资金来源、决策活动和决策结果的不同阶段，SEW 导致的家庭企业的异质性如何影响企业的创新决策？以及外部环境会对家族企业的创新决策产生怎样的影响？这些问题的深入研究少有文献涉足。

本书以家族企业的创新活动为切入点，研究家族涉入的异质性对企业创新活动的影响。家族涉入及其引发的信息透明度是影响家族企业创新活动的重要因素，家族涉入代表了家族干预企业创新活动的能力，信息透明度则反映了家族与外部投资者之间的冲突。同时，外部环境是影响企业创新活动的重要条件，但各地区发展程度的不平衡会使企业面临的创新投资约束存在显著差异。因此为了深入研究家族企业创新活动问题，本书遵循创新活动的创新资金来源——创新活动决策——创新决策结果的思路，从家族涉入和信息透明度视角，研究了家族企业创新活动的影响因素和动机，试图回答以下问题：①家族涉入（家族控制权和家族管理权）是否对企业创新活动产生直接影响？②信息透明度是否对家族涉入与企业创新活动的关系起中介作用？③不同的外部市场环境下信息透明度的中介作用有何差异?

本书首先分析了创新活动的创新资金来源、创新活动决策和创新决策结果三者之间的关系。实证检验表明，创新资金来源、创新活动决策和创新决策结果三者之间存在负向链条关系。在此基础上，对于创新活动资金来源、创新活动决策和创新决策结果三个阶段，本书对每个阶段都分析了家族涉入对其的直接作用，信息透明度的中介作用及市场化程度的调节作用。主要结论如下:

(1) 企业创新资金来源。家族控制权对外部融资具有显著的负向作用，信息透明度在家族控制权与外部融资之间具有完全中介作用；家族管理权对外部融资同样具有显著的负向作用，信息透明度在家族管理权与外部融资之间具有部分中介作用。市场化程度既正向调节家族涉入（家族控制权和家族管理权）与信息披露的关系，又正向调节信息披露与外部融资的关系。具体表现为，相较于市场化程度较低地区的企业，市场化程度较高地区的企业，家族涉入（家族控制权和家族管理权）与信息透明度、信息透明度与外部融资的负向关系减弱。

(2) 企业创新活动决策。家族控制权对创新投入具有显著正向作用，信息透明度在家族控制权与创新投入关系之间不具有中介作用；家族管理权对创新投入具有显著负向作用，信息透明度在家族管理权与创新投入关系之间具有部分中介作用。市场化程度可以正向调节信息透明度与创新投入的负向关系。表现为，相较于市场化程度较低地区的企业，市场化程度较高地区的企业，信息透明度与创新投入的负向关系减弱。

(3) 企业创新决策结果。家族控制权对企业价值具有显著负向作用，信息透明度在家族控制权与企业价值关系之间具有中介作用；家族管理权对企业价值具有显著负向作用，信息透明度在家族管理权与企业价值关系之间具有中介作用。市场化程度会正向调节信息透明度与企业价值之间的负向作用，即在市场化程度越高地区的企业，信息透明度对企业价值的负向作用可以得到缓解。

本书的理论贡献在于：第一，丰富了家族企业的创新理论。本书将创新活动的资金来源、活动决策和决策结果纳入一个研究框架，一定程度上对创新过程的黑箱机制进行了揭示。第二，进一步推进了家族企业代理理论的研究。本书从信息不对称视角探索了信息透明度在家族涉入与企业创新活动之间的中介作用，突出了信息透明度对家族企业创新决策的意义。而且这种中介过程还受到企业外部环境的影响，综合考虑了家族内部动力和外部环境的共同作用，有助于更清晰理解家族涉入与创新活动之间的关系。第三，本书对家族企业制定合理的制度来增加资金来源，保证企业创新投入，提升企业价值提供了现实意义。

目　　录

图目录

表目录

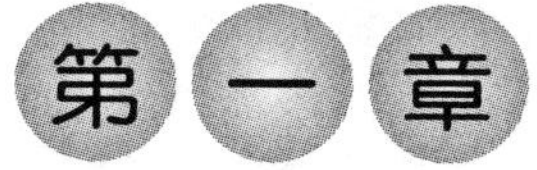

第一章 绪　论

1.1　选题背景

家族企业是世界长期存在的组织形态，根据 Keline. Gersick（1998）[1]的研究结果，在全球企业中，保守估计有 65%~80% 的企业是由家族所有或经营的。更重要的是，40% 的世界 500 强企业由家族所有或经营。在美国，家族企业为美国创造近一半的国内生产总值，提供一半以上的劳动职位。在欧洲，中小规模的公司大都是家族企业。在亚洲各国，家族企业在民营企业中同样占据主导地位[1]。

2018 年 11 月 1 日，中共中央总书记、国家主席、中央军委主席习近平在民营企业座谈会上发表重要讲话，对民营经济的重要地位和作用做出了肯定，并提出具体的政策举措来支持民营企业的发展。

虽然国内家族企业在改革开放后崛起较晚，但《中国家族企业发展报告（2011）》的调查结果显示，家族企业在民营企业中占比高达 85.4%。此外，根据《福布斯》中文版 2016 年推出的第七次现代家族企业的调查显示，截至 2016 年 A 股上市的中国 1621 家民营企业中有 912 家为家族企业，占比 56%；在 2016 年度 A 股上市的 61 家企业中有 39 家为家族企业，占比 64%。

创新对于企业的重要作用毋庸置疑，《中华人民共和国国民经济和社会发展第十三个五年规划纲要》中再次强调了科技创新的引领作用，就构建激励创新的体制机制、实施人才优先发展战略做出了战略导向性安排。

此外，2016 年中欧—上海信托正式发布了《中国上市家族企业创新报告》。从报告中可以看出，与国有企业相比，家族企业在研发投入倾向和强度方面都更高（见图 1.1）。从图 1.1 可以看出，在研发倾向方面，每年国有企业的研发投入倾向低于家族企业；但民营非家族企业的研发投入倾向最高。在企业的研发强度上，家族企业在 2010 年至 2014 年间，研发投入强度从最初的 2.93% 增加到 3.51%；从研发对企业所起到的作用看，有研发投资的家族企业的利润率都明显高于没有研发投资的家族企业，并且这一差别在五年内保持一致。

但同时，图 1.2 中所示的研究投资强度与国内外学者的研究发现较为一致。很多国内外研究都发现家族企业的研发投入低于民营企业中的非家族企业[2-5]。目前对于企业创新投入的研究成果非常丰富，从已有文献可以看出，政策环境[6;7]、市场结构[8-10]、企业家的社会关系[11]和风险偏好[12]、激励制度[13]等因素都会影响企业的创新活动。Fernández 和 Nieto (2006)[14]研究得出，所有权性质会在很大程度上影响企业的研发投资决策。作为国民经济占比越来越重的家族企业，家族控制的公司会有独有的所有权结构，家族企业在进行创新活动时会表现出特有的行为，但已有文献中家族涉入如何影响企业的创新投入，学者们也没有得出统一的结论。一部分认为，家族损失厌恶的特征会使家族企业对创新投资决策的意愿不高[15;16]，也有学者认为，家族企业为了社会情感财富和长远发展的考虑，会更愿意进行研发投入[17;18]。

造成这种相矛盾结论的原因可能是：在经济全球化的今天，企业与外部市场、投资者之间的联系越来越多，市场和投资者对企业的信息透明度会提出更高的要求。2014 年，国务院发布的《关于进一步促进资本市场健康发展的若干意见》中明确提出“上市公司要增强信息披露的有效性，为投资者创造更多的价值”。区别于企业的生产、销售等活动，企业的创新投入的风险主要是信息、资金等方面的风险。其中信息风险主要源于企业创新活动中外部股东与控股股东之间的信息不对称[19]。我国家族企业受“家文化”长期影响股权高度集中，控股股东与外部股东不一致的利益导致的信息不对称问题更为突出。这种信息不对称会影响企业的融资约束[20]，企业信息透明度影响外部投资者的投资意愿和企业的外部融资成

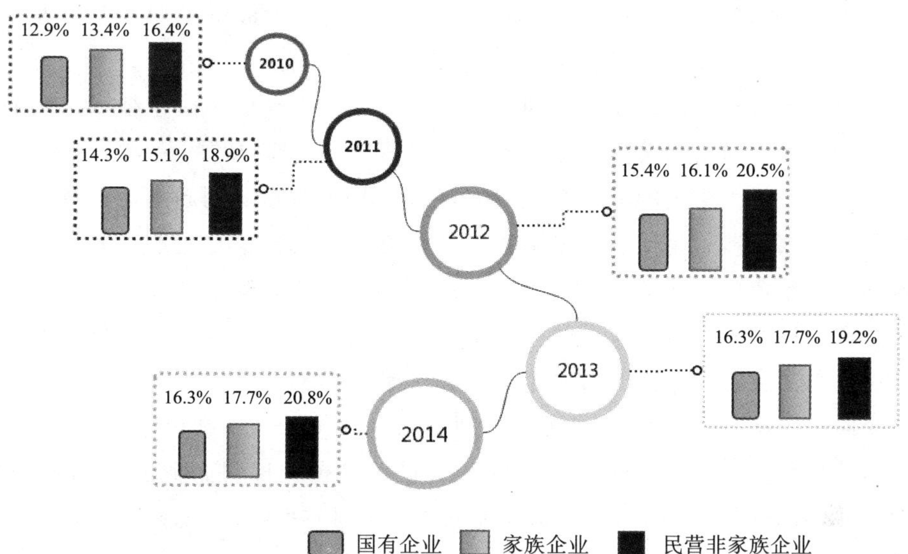

图 1.1　国有企业、家族企业和民营非家族企业的研发投资倾向比较①

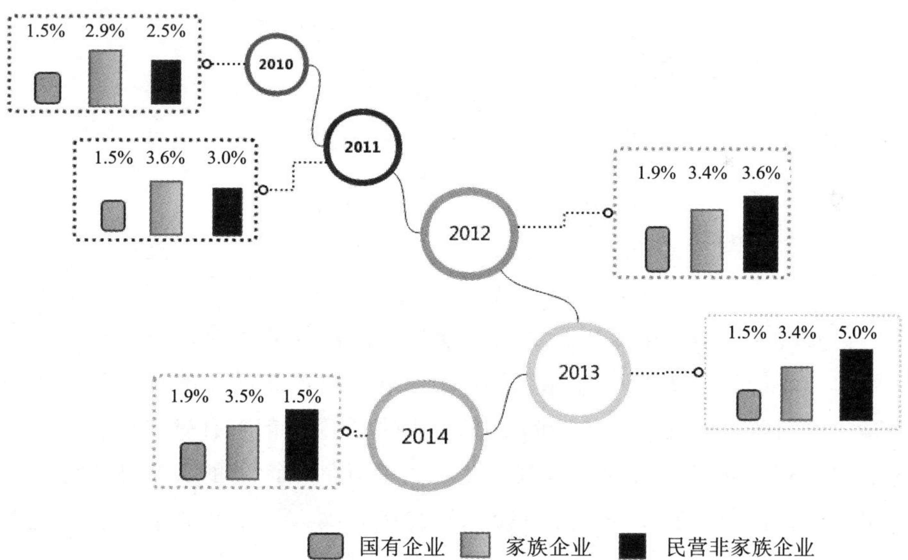

图 1.2　国有企业、家族企业和民营非家族企业的研发投资强度比较②

①② 中欧—上海信托. 中国上市家族企业创新报告［R］. 2016。

本[21]，进而影响企业的风险决策[22]，而风险决策中最重要的环节则是企业的创新投资活动。此外，家族控制股东拥有的信息更为充分，为了自身利益最大化更有可能扭曲企业的创新决策。创新活动的风险主要源于信息和代理问题，而信息披露是缓解资本市场信息和代理问题的关键。

那么，对于中国的家族企业，家族涉入是否对企业创新活动产生直接影响，即家族涉入是促进还是阻碍了企业创新活动？信息透明度是否在家族涉入与企业创新活动之间的关系中起到中介作用，即家族涉入是否通过信息透明度的中介传导作用间接影响企业的创新活动？这一系列问题在已有的文献中少有涉及。而对于企业创新活动，本书剖析了创新活动过程的三个阶段，即“创新资金来源——创新活动决策——创新决策结果”。基于上述思路，本书深入研究家族涉入通过信息透明度对企业创新的影响，以及在不同的外部环境下，“家族涉入——信息透明度——企业创新活动”的中介过程有何差异？

1.2 研究意义

1.2.1 理论意义

首先，本书丰富了家族企业的创新理论。以往对企业创新活动关系的研究中，多是将创新投入、创新产出作为单一的创新活动的代理变量进行研究。但创新活动是一个复杂的多阶段的过程[19]，却少有研究对创新过程这个“黑箱”进行深入探究。基于此，本书以创新活动的资金和经济风险为切入点，将创新活动的资金风险、经济风险纳入一个研究框架，一定程度上对创新过程的“黑箱机制”进行了揭示，丰富了企业创新的理论研究。

其次，近一步推进了家族企业代理理论的研究。以往家族企业创新活动的研究中，大多数研究都提出代理冲突是影响家族企业创新决策的关键因素[23-25]。但却少有深入探究引发代理冲突的根源因素。本书则从信息透明度这一视角探索了信息透明度在家族涉入与企业创新活动关系中的中介作用，拓展了家族涉入与企业创新活动的关系[26]，突出了信息透明度对于家族企业创新决策的意义。这将有利于家族企业代理理论的进一步深入研究。

最后，企业并不是独立存在的，企业的发展必然会受到外部环境的影响[27]。本书实证检验了市场化变革对家族企业创新活动影响的研究，而市场化程度在家族涉入与信息透明度、信息透明度与创新活动中起到的缓解作用的结论，则进一步支持了市场转型理论中市场驱动力对企业创新积极作用的论述。

1.2.2 实践意义

家族企业对我国经济结构和发展所起到了重要作用，而企业的信息透明度可以通过缓解家族的代理冲突来影响企业的创新决策。本书有助于我国家族企业如何从新的视角促进创新活动，为投资者如何看待家族企业的创新活动提供了实证依据。

首先，对企业创新的融资方式而言，本书为中国家族企业如何有效缓解融资约束提供了实证依据。对于上市家族企业，从经济目标来看需要通过外源融资来占有市场扩大规模，而出于对社会情感财富目标的追求，则希望最大程度保留控制权。但企业只有保证经济发展才能长久满足社会情感财富目标，所以家族企业应该更加开放地看待家族的含义，对绝对控制权逐步放手，选择更加合理的融资方式，更职业化的管理家族企业。

其次，对企业的创新决策而言，企业信息透明度可以有效帮助外部投资者客观评价家族企业的创新投资和企业价值，有效约束控股股东对公司的掏空行为，降低控股股东与外部投资者的信息不对称，从而激励控制股东和管理者做出合理的决策行为，促使企业创新活动顺利进行。

从市场层面，市场化程度对信息披露与创新活动关系的调节作用，为政府更加科学的完善企业的信贷评估体系、规范信息披露规则、强化披露要求的考核标准提供了指导意义。市场环境的有效改善会给企业提供一个更加宽松的外部环境，这样可以促进家族企业真实传递信息披露的意愿，从而使经济资源向更加良性的方向发展。

1.3 相关概念界定

1.3.1 家族企业

（一）家族企业界定

什么是家族企业，从直观上人们都能理解家族企业这个词是什么意思，家族企业，从字面上即可理解为家族与企业的结合体，家族的涉入使家族企业形成了一种特殊的组织形态，这一点也使其区别于非家族企业。

但从学术上对家族企业进行准确的界定和定义，学者们并没有统一的说法。早期的研究中，对家族企业的定义是基于双环理论，认为家族企业兼具企业系统和家族系统的特征，从定性的角度强调了家族对于企业的影响力，定义家族企业是由家族来经营、控制和治理的一种组织形态。Chua等（1999）[28]提出家族企业是由一个或多个家族控制或管理的企业，家族通过对企业的控制和管理，不断将家族的愿景和意图渗透在企业中，希望企业能够在家族中传承，建立家族的企业帝国。

虽然学术界对家族企业的定义没有统一的界定和结论，但根据Chrisman等（2005）[29]的研究看出，目前学者们对家族企业定义方向有两种，成分涉入法和本质法。

成分涉入法是以家族涉入作为企业成为家族企业的充分条件，成分涉入法中家族涉入的主要因素有所有权[30]、管理权、治理[31]或继承等，这种定义方法在实证研究中居于主流地位。对于中国的家族企业，学者们也强调了家族关系渗入企业的程度[32]，认为中国的家族企业是家族以控股权优势，形成家族关系契约和企业要素契约的联合，是家族成员对企业的所有权和控制权保持拥有的一个连续分布状态的经济组织[33]。

而本质法则强调了家族参与企业的异质性问题，认为家族涉入是家族企业的必要条件，还需要因家族涉入而产生的家族对企业目标的影响[34]，家族控制的意图[35]以及家族行为[28]。

从涉入法和本质法对家族企业的定义可以看出，本质法更偏向于以理论定性的方式定义家族企业，对于家族企业相关要素研究时缺乏可操作性。而涉入法定义家族企业时，可以将家族企业看作是一个连续的“谱系”，可操作性相对更强一些[36]。

随着对家族企业的研究，学者们开始避免用二分法一刀切的方式来区别家族与非家族企业，一方面因为家族与非家族企业并没有一个明确的分界线，另一方面二分法会将家族企业中存在的强大的异质性忽视掉。在家族势力的作用下，家族企业做出战略决策时，不只会受到经济动机的影响，与家族相关的非经济目标也会影响企业的行为[37-39]，现在学者们大都认同家族涉入使企业形成的家族企业的特有形态。

（二）上市家族企业

根据福布斯 2016 年发布的数据显示，截至 2016 年 6 月 30 日，在 A 股上市的企业中，共有 912 家为家族企业。家族企业上市后，股权不再单一集中在家族成员手中，上市以后的这些企业还算家族企业吗？学者们对家族上市公司也进行了定义。谷祺等（2006）[40]定义家族上市公司是终极控制权能归结到个人或家族成员而且公开发行股票的上市公司。窦军生等（2009）[41]对家族上市公司定义时，除了强调家族拥有的所有权、管理权外，还强调了家族上市公司还需要满足家族有让下一代继承企业管理权的意愿。

目前学者们普遍认可的是苏启林，朱文（2003）[42]以及贺小刚，连燕玲（2009）[43]对上市家族企业的界定，他们对家族企业的定义是：①最终控制人能追溯到自然人或者家族；②最终控制人直接或间接持有的公司必须是被投资公司的第一大股东。这种界定更注重家族对企业的控制程度。福布斯从 2009 年开始，连续七年每年都对中国的家族企业进行调查，福布斯在界定家族企业时，除了要求企业所有权或控制权归家族所有，还要求至少有两名或以上的家族成员实际参与企业持股或经营管理活动。

综上所述，借鉴苏启林和朱文（2003）[42]等以及福布斯对家族企业的定义，本书将满足企业的实际控制人为自然人或者家族，以及至少有两名或两名以上的家族成员在企业中任职这两个条件的企业定义为上市家族企业。

（三）家族涉入

家族涉入使家族企业具有自己的独特性，而这种独特性是家族成员与企业在相互渗透过程中产生的资源约束与能量的集合。通过对家族涉入维度相关文献的梳理发现，大多数研究家族涉入包括家族控制权、家族管理权、家族传承、家族愿景和家族文化等，但到底哪些因素在家族的发展和战略决策过程中起到关键作用，学者们并没有得到统一的结论。Chrisman 等（2012）[44]在研究家族涉入与中小企业非经济目标关系时，以家族所有权比例、管理层中家族人员的数量和家族成员代际传承的数量来界定家族涉入。Sciascia 和 Mazzola（2008）[45]在研究家族涉入对企业价值的非线性影响时，以家族所有权和管理权两个维度界定家族涉入。这种划分方式得到了很多学者的认可，之后学者们以此为基础有所拓展。Songini 和 Gnan（2015）[46]则在研究中指出家族涉入不仅包括家族所有权，还包括治理和管理权的涉入。Chua 等（1999）[28]通过家族行为界定家族企业时，以家族所有权、管理权和传承意愿作为家族涉入的三个维度。

国内学者杨学儒和李新春（2009）[47]对中国家族企业家族涉入的指标进行了构建，提出家族治理、企业治理、家族组织行为和家族意图四个维度和 17 个二级指标。李新春和任丽霞（2004）[48]提出家族所有、家族控制、家族管理、家族传承是家族涉入的四个维度。陈建林（2008）[49]认为家族涉入是家族企业的基本特征，家族在企业经营管理等方面的涉入才体现出家族企业的独特性。

基于上述对家族企业定义的研究可以看出，学者们大多采用程度指标来衡量家族涉入程度，学者们特定的研究视角会使不同学者对家族涉入有不同的测量指标，但普遍认可的测量指标包括家族控制权和家族管理权[3; 50; 51]，本书参照这些学者的研究，采用家族控制权和家族管理权来衡量家族涉入。家族控制权关注家族作为企业控股股东的职责，家族管理权则关注了家族在管理及经营企业中的职责以及参与企业战略决策的过程，两者既相互关联又存在差异，它们在不同层面影响着企业的创新活动决策的各个过程。

1.3.2 信息透明度

企业的信息透明度受到学者和相关机构的关注开始于20世纪90年代，信息透明度最初仅是被当作反映会计信息的一个质量特征，美国证券交易委员会（SEC）在1996年发布的国际会计准则委员会（IASC）“核心准则”中提到，“高质量”可以解释为透明度和充分披露。之后，巴塞尔银行监管委员会在1998年发布的“加强银行透明度”的研究报告中提到，信息透明度的特征主要包括全面、及时和可靠等。之后学者们也从不同角度对信息透明度进行了定义和广泛研究。Bushman和Smith（2003）[52]认为信息透明度主要是上市公司在特定信息机制作用下，相关信息元件相互作用、综合输出，并传递给外部投资者的过程。尽管监管机构会要求上市公司对信息进行广泛披露，但不同的企业的信息环境会有很大的变化，这取决于企业的信息披露意愿、个人信息水平、金融分析师覆盖范围及市场权威等。Anderson等（2009）[50]综合考虑企业内部和外部环境，以分析师人数、预测每股收益偏差以及企业股票的买卖价差、交易量四个指标构建企业的不透明度，以此反映企业的信息披露质量。

可见，企业的信息透明度经历了从局部的会计信息质量到企业信息的全面衡量，及从信息系统的整体输出，到以外部评价为中心的评价体系，再到企业内部信息和外部综合考量的发展过程，这个过程慢慢使外部投资者可以通过企业信息透明度的“现象”了解企业的“本质”[53; 54]。

而本书参考Anderson等（2003）[30]结合企业内外部信息构建的不透明度指标，建立了本书的信息透明度指标。

不透明度指标由四个独立指标构建，这四个指标包括预测分析师人数、预测每股收益偏差以及企业股票的买卖价差、交易量。这四个指标中，第一、第二个指标是外部机构对企业的预测，分别是预测分析师及预测偏差。本书用跟踪每个企业的预测分析师的对数来判断该企业被市场关注的程度[55]。Botosan等（2004）[56]的研究提出，股票分析预测的偏差可以作为企业作息可获得性的代替。本书以分析师预测每股收益减去企业实际每股收益再除以实际每股收益的平方作为预测每股收益的值。第三个指标买卖价差反映了企业与投资者之间的信息不对称，以相对买卖价差计算法得到将指标。由于企业股票买卖价数据量太庞大，本书选取了每个企业每个月非节假日第三个星期五当天的买卖价的数据来计算平均买卖价差[50]。第四个指标交易量则体现了企业信息的不确定性和不对称性[57]，本书中交易量是以日均交易量取对数计算得到。不透明度是由这四个指标的十分位数相加除以40（合计存在的最大值）计算得到，以保证不透明指标在0.1到1.0范围内。本书取“1－不透明度指标”来表示企业信息透明度。

1.3.3 外部融资、创新投入和企业价值

（一）外部融资

美国学者格利等（1988）[58]最早根据资金来源的渠道，将企业的融资分为内源融资和外源融资。内源融资是企业在经营过程中通过资金流转等方式内部累积而成的资金来源，主要包括盈余公积、未分配利润以及生产过程中产生的折旧等。内源融资由于来源于企业内部，企业运用资金会更灵活。但创新活动具有较高的资金风险，需要长期持久的资金投入，很少有企业能独立依靠内部资金而不借助外部资金进行持续研发，当内部资源不能满足其投资时，企业必然会进行外部融资。

外部融资是企业为了扩张发展，通过各种外部渠道获得的资金，企业主要的外源融资方式有债权融资和股权融资两种方式。债权融资主要是企业从银行等金融机构，通过债权或企业的信用等方式，为企业获得借款；股权融资则是指企业的股东通过增资的方式出让部分企业的所有权来获得资金，主要的股权融资方式有公开发行股票和私募股权。

本书的外部融资主要指股权融资和债务融资。参考程新生等（2012）[59]学者的研究，以企业现金流量表披露的“吸收权益性投资所收到的现金/期初总资产”来表示股权融资；以企业现金流量表披露的“（借款所收到的现金＋发行债券所收到的现金）/期初总资产”来表示债务融资。外部融资总额等于股权融资加债务融资。

（二）创新投入

创新必须有创新投入的支柱作用才能创造新的产品、技术和服务，进

而保证企业的生存和长远发展，创新投入主要是指资金和创新人员的投入。创新资金的投入是指在创新活动进行中所需要的所有费用。其中包括创新活动过程中产生的直接费用和合理基础分配中被计入的间接费用。这些费用主要包括研发人员的人工费用、研发活动消耗的材料费、研发活动产生的折旧费、研发活动无形资产的摊销费用、管理费和与研发相关的其他费用等。

本书主要考虑了资金方向的投入，以创新投入强度作为企业创新投入水平的代理变量。借鉴 Chrisman 和 Patel（2012）[3] 等文献中的定义，以研发支出在主营业务收入的占比当作创新投入强度的指标。

（三）企业价值

对企业而言，企业价值是企业开展各项活动的结果，而企业价值反映了企业创新活动的具体成果，企业通过创新活动的开展，为企业带来创新产出，通过创新活动的新产品形成了企业的绩效[60-62]。

在已有研究中，企业价值并没有统一的标准，对于企业的创新活动而言，企业将创新想法转化为实际产品，生产出新颖、独特的产品[63]并将其投入市场[64]，为企业产生市场价值。故本书选择市场价值指标来衡量企业价值。而市场价值类指标最常用的是 Tobin Q 值，西方很多学者会用 Tobin Q 值来衡量企业价值。而国内也将 Tobin Q 值作为衡量上市公司绩效的重要指标。但由于我国较为特殊的股权结构，我国的证券市场存在着流通股和非流通股，故在计算 Tobin Q 值时存在一定的差异。

1.4 研究内容、研究框架和研究方法

1.4.1 研究内容

如上所述，家族涉入及其信息透明度是影响家族企业创新活动的重要因素，家族涉入代表了家族干预企业创新活动的能力，而信息透明度则反

映了家族与外部投资者之间的冲突。同时，我国的经济市场正处于转型时期，市场化进程在整体推进时，各地区发展程度的不平衡会使企业面临的融资约束都存在显著差异，外部环境是影响企业创新活动的约束条件。因此为了深入研究家族企业创新活动问题，本书遵循创新活动的“创新资金来源——创新活动决策——创新决策结果”这三个阶段，从家族涉入、信息透明度视角，研究家族企业创新活动的主要影响因素，试图探究：①家族涉入是否对企业创新活动产生直接影响？②信息透明度是否会在家族涉入与企业创新活动的关系起中介作用？③不同的外部环境下信息透明度对家族涉入与企业创新活动起到的中介作用有何差异？

本书的理论框架和三个研究的逻辑关系如图 1.3 所示：

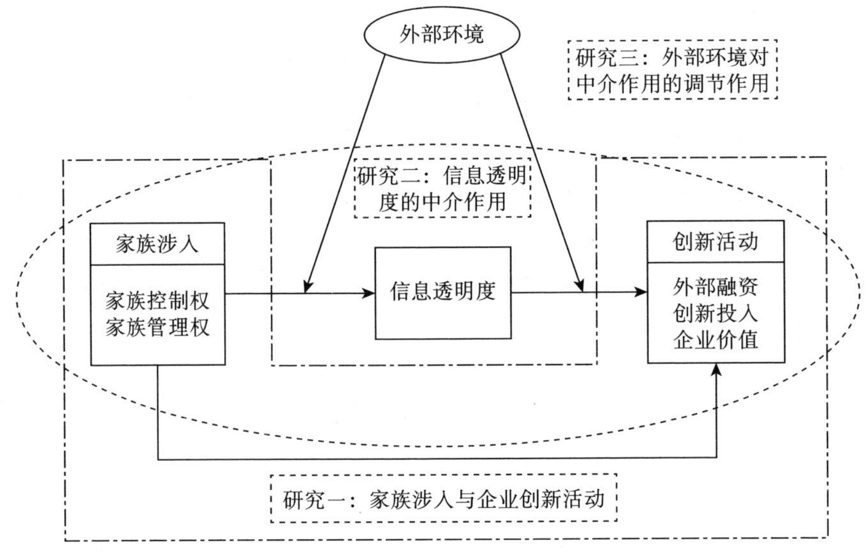

图 1.3　研究总体理论框架与逻辑关系

针对以上问题，本书的主要研究内容如下：

1. 建立信息透明度指标

本书从信息透明度的视角出发，研究家族企业的创新问题。但目前并没有统一的指标来反映企业的信息透明度，目前对信息透明度的度量有三种。一部分学者是以分析师预测等单一外部评价指标来反映企业的信息透明度，一部分学者则是以收益平滑度、收益激进度等企业的财务指标来衡量企业的信息透明度，但这两种衡量方式都只是从一个侧面反映企业的信息透明度；此外，还有一部分学者会以权威机构的信息披露质量指标来衡量，但目前国内只有深圳证券交易所每年会对上市公司的信息披露进行评估。采用该指标时样本只能选择深交所的上市公司，这样就可能造成研究样本选择的局限性。所以结合中国企业的实际情况，本书从企业内部及外部评估机构两方面综合考虑，构建企业信息透明度指标，全面反映企业的信息质量。

2. 确定创新资金来源（外部融资）——创新活动决策（创新投入）——创新决策结果（企业价值）为创新过程的三个阶段，并分析三个阶段之间的关系

在创新活动的具体操作过程中，资金来源是创新投入的前提保证，而创新投入需要为企业的绩效产生作用才能体现创新活动的价值。企业创新项目的“外部融资——创新投入——企业价值”链条是在进行创新活动时企业内部的系统性问题，故本研究需要对创新过程的三个阶段的关系进行分析。

3. 在创新资金来源方面，家族涉入对企业外部融资的直接影响，信息透明度在家族涉入与企业外部融资的关系的中介作用

本书的切入点是家族企业主该如何平衡家族的权力掌控需求与企业快速成长的资金融资需求之间的关系，并且信息透明度又是如何缓解这种矛盾。在中国新兴市场发展的背景下，区域性市场化程度不均衡、政府政策支持力度的不同都造成了各地区资本市场较大的差异，这种差异会在很大程度上影响企业的信息透明度和公司的融资成本。故本书将市场化程度这一外部市场的因素考虑进来，深层次分析在外部环境影响下家族企业信息透明度对股权融资成本的影响。

4. 在创新活动决策方面，家族涉入对企业创新投入的直接影响，信息透明度在家族涉入与企业创新投入关系的中介作用

对于家族企业，家族的涉入会使企业形成独有的非经济的社会情感财富（SEW）目标，SEW 在家族企业的决策中扮演着重要角色，会使企业的创新活动表现出特有的行为。家族企业家族控股股东与中小股东之间的代理问题，使得家族控股的企业的不透明度更高，故本书以信息透明度为切入点，研究信息透明度如何平衡家族企业社会情感财富目标和创新决策之间的矛盾，进而促进企业的创新活动。此外，我国正处于新兴经济转型的过程，渐进式的改革路径使我国各地区市场化程度表现出显著的差异，这

种差异导致企业信息透明度的不同会影响企业的创新决策，故本书从检验了外部市场环境对家族企业创新活动的影响。

5. 在创新决策结果方面，家族涉入对企业价值的直接影响，信息透明度在家族涉入与企业价值关系在的中介作用

创新活动需要为企业创造收益才能真正体现创新活动的价值。信息透明度是否会对企业创新活动的结果——企业价值同样产生影响？这是企业同样需要关注的问题。企业的信息透明度不仅会影响企业从资本市场募集资金的成本，同时也是企业治理的依据。对于我国不成熟和差异化较大的市场环境，信息披露很可能是约束家族控股股东侵占行为、提升企业价值的重要途径。故本书实证检验了信息透明度在家族涉入与企业价值中的作用。其次，分析了市场化进程如何调节家族涉入、信息透明度与企业价值的作用。

1.4.2 研究框架

针对本书的研究内容，本书共分为7章，整体结构如下：

第一章，绪论。这部分主要提出了本书的选题，研究目的和意义，进而确定了本书的研究对象及相关概念，之后简要介绍了本书的研究思路、研究内容以及说明了本书的研究方法，确定了本书研究的方向，最后提出了本书可能的创新点及贡献。

第二章，理论基础与文献综述。首先，对中外家族企业研究热点及趋势进行了对比分析。本章先通过利用 CiteSpace、Excel 等软件，通过对国内外家族企业领域文献的计量分析，客观、直观的了解了家族企业国内外的近期研究现状、热点及研究趋势。再对最新大量文献进行精读，在此基础上，本章以信息不对称理论、代理理论和社会情感财富为理论基础，系统性的梳理了家族企业的信息透明度对企业外部融资、企业创新活动及企业价值等方面影响的文献，确定了本书研究的切入点。

第三章，创新资金来源、创新活动决策与创新决策结果的关系。本章采用联立方程组中的递归方程组来构建创新资金来源、创新活动决策与创新决策结果关系之间的模型框架，来验证三者之间的逻辑关系。

第四章、第五章、第六章，通过统计学分析方法，从创新活动的资金来源（外部融资）到创新活动决策（创新投入）再到创新决策结果（企

业价值）的路径，从创新活动的三个阶段逐步分析家族涉入对家族企业创新活动每个阶段的直接影响，信息透明度对家族涉入与企业创新活动关系的中介作用以及外部市场环境对家族涉入、信息透明度与企业创新活动关系的调节作用。

第七章，结论、启示与展望。基于各个阶段的研究结果，分析企业的信息透明度如何通过缓解家族的代理冲突和融资约束影响企业的创新决策，为我国家族企业应该如何促进创新活动，投资者应该如何看待家族企业的创新活动提供了实证依据。

本书具体的研究技术路线如图 1.4 所示。

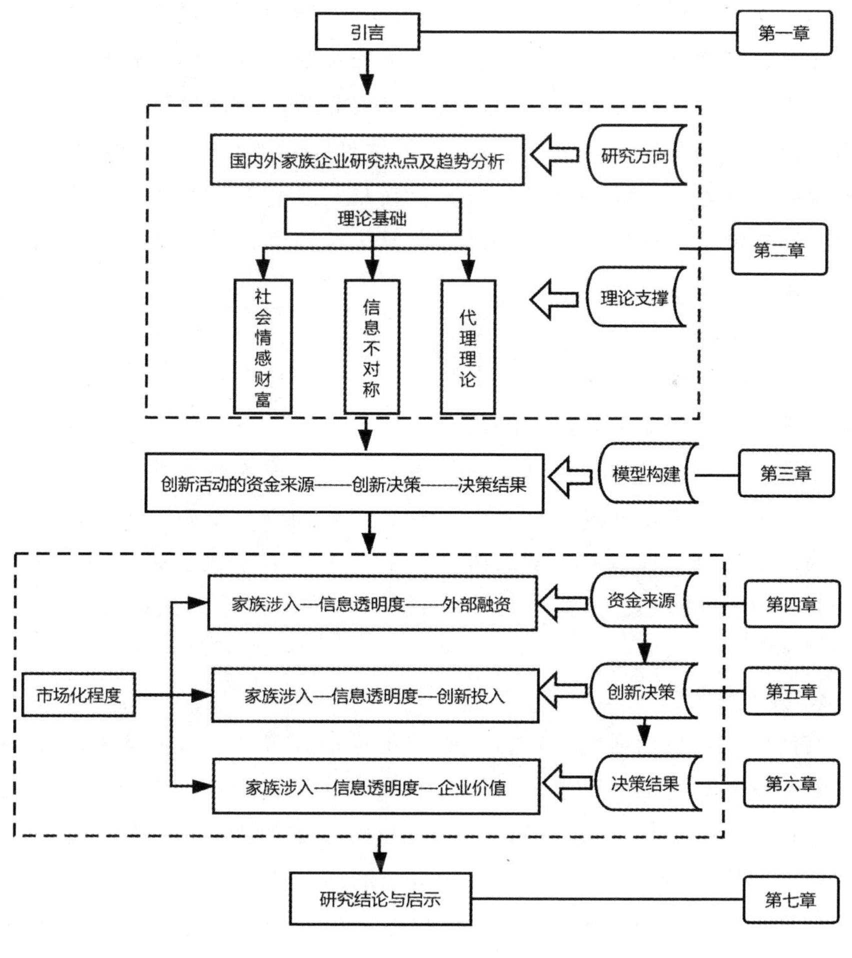

图 1.4 研究技术路线

1.4.3 研究方法

唐·埃思里奇（1998）[65]曾在《应用经济学研究方法论》中提到："经济学研究方法包括各种形式的文献综述、数据收集、数理分析和运筹研究技术，以及对所选择的理论结构运用，并包含了各种技术的联合运用。"根据本书的研究内容，本书主要采用了计量分析、文献综述和实证研究相结合的方法来开展研究。

1. 计量分析

随着学者们对家族企业研究的不断深入，涌现了大量有关家族企业研究的文献，对如此大数据的文献进行精读的可操作性不强，这样就不能全面、客观的了解该研究的热点、路径及发展趋势。因此在确定本书的研究方面之前，本书利用 CiteSpace、Excel 等软件，对 WOS 及 CSSCI 数据库国内外家族企业领域文献的计量分析，旨在从科学计量的角度，客观、直观的对比该领域国内外的研究现状、热点及未来研究趋势，进而为本书研究方向的确定提供了基础。

2. 文献综述

在基本确定从代理冲突视角来研究家族企业创新决策这一方向后，本书对家族涉入、企业信息透明度及家族企业创新等方向的文献进行广泛收集、整理和阅读。其中，本书长期关注了国外一流家族企业相关的管理学期刊，如 Family Business Review 等，对这些期刊中与本研究相关的文献进行了精读、提炼。通过对文献的研读，了解了目前家族企业创新活动及信息披露方面的最新理论基础及研究进展，对后续的实证研究打下良好基础。

3. 实证研究

实证研究是目前研究中较为普遍的定量研究方法，在对研究主题相关文献的归纳和总结的基础上，对已有的研究成果进行逻辑分析，提出研究假设，在此基础上做出研究设计，收集相关数据和资料，选择合适的统计方法进行数据分析，得出结果，检验提出的研究假设。

本书通过国泰安数据库，CCER 数据库以及公司年报等收集本书所需的研究数据，运用 Excel、SPSS 软件对数据进行描述性统计分析和相关性分析等，再使用 STATA 软件进行面板数据回归分析。

1.5 创新点及学术贡献

（1）本书从企业信息透明度这一全新视角研究家族企业的创新活动，调和了以往家族企业创新活动中彼此对立的观点。对于家族企业，家族系统的涉入会使企业形成独有的非经济的社会情感财富（SEW）目标，为了追求这个目标，家族企业在进行创新活动时会表现出特有的行为，在现有的研究中，家族涉入如何影响企业的创新活动，学者们得出的结论较为相左，本书揭示了家族涉入对企业创新活动的影响机制，提出家族涉入权会直接影响企业的创新活动，还会通过信息透明度的中介传导作用间接影响企业的创新活动，这将有助于清晰的理解家族涉入与企业创新活动的关系。

（2）本书针对创新活动的风险展开研究，使家族企业创新活动研究的逻辑关系更为清楚。与企业的其他活动相比，创新活动具有较高的资金风险、信息风险和经济风险。其中，资金风险表现为创新资金来源的支持能否保证创新活动的持续进行，信息风险表现为创新投入过程中的不确定性，而经济风险则表现为创新活动收益的滞后和未知。而创新活动的这三种风险即对应了创新活动的三个阶段，即创新资金来源（资金风险）——创新活动决策（信息风险）——创新决策结果（经济风险）。现有家族企业创新活动的研究，大多是关注影响创新活动的具体因素，对创新活动自身的风险却缺少深入条理的分析。本书将从创新活动三个具体风险对应该的三个阶段来深入研究家族企业的创新活动。

（3）在中国新兴市场发展的背景下，区域性市场化进程不均衡、政府支持力度的不同造成了各地区资本市场的差异。因而，企业的创新投资不仅需要解决创新过程中的资金和经济风险，还需要面对外部市场和政策的不确定性。本书关注了中国特有的市场化进程不均衡这一外部因素，将市场化程度这一指标与家族涉入、信息透明度这两个指标分别进行交互，分析了当企业受外部市场环境（市场化进程）影响时，家族企业对信息透明度、信息透明度对家族企业创新活动的作用，检证了市场环境对微观企业的影响，更加深入认识企业生存环境对创新活动影响的研究，丰富了家族企业创新活动的研究。

第二章 理论基础与文献综述

家族企业是世界各国最早出现的企业组织形态，同时，家族企业对社会经济发展也具有重要影响。早期，学术界对家族企业这种历史悠久的组织的研究并不多，1988 年创刊的《Family Business Review》，才使得学术界认可了家族企业研究的合理性和必要性，至此之后，国内外学者对家族企业的研究才逐渐形成了相对独立的研究领域。

虽然国内家族企业发展较晚，但家族企业在我国经济结构中所起到的作用不言而喻。同时，中国特有“家文化”的长期渗透，使家族企业的作用不止于经济，更是传统文化传承的重要载体。因此，对我国的家族企业研究进行系统性的总结和综述，开展国内外对比研究分析，对我国家族企业的发展和对补充世界家族企业的研究都具有重要意义。

本章深入分析了家族企业创新活动方向的理论基础和文献综述。由于目前国内外对家族企业研究现状和热点的分析主要是以文献综述的形式为主，学者根据自己的研究方向从不同角度对家族企业进行总结，这样的综述客观性较强，不能全面反映该领域的研究热点、路径及发展趋势。因此，本书先利用 CiteSpace、Excel 等软件，通过对 Web of Science（WOS）及 Chinese Social Sciences Citation Index（CSSCI）数据库国内外家族企业领域文献的计量分析，旨在从科学计量的角度，客观、直观的对比家族企业国内外的研究现状、热点及未来研究趋势，进而确定了本书的研究方向。在此基础上，本章对该方向现有研究进行了综述。通过总结和梳理现有文献，找到该方向有待进一步补充研究之处，从而确定本书研究的切入点。之后再对相关文献进行的归纳和评述，为后续的研究奠定理论基础。

2.1 国内外家族企业热点及趋势对比分析

2.1.1 数据来源和研究工具

（一）数据来源

为了研究国内外家族企业的研究热点及趋势，本书数据源于 WOS 和 CSSCI 数据库。其中，在 WOS 数据库的筛选过程中，主题设置以“family business”或“family firm”为关键词，数据库为核心合集数据库，数据截止日期为 2017 年 4 月 25 日，共得到 1990 – 2017 年有效文献 1751 篇；而在 CSSCI 数据库的筛选过程中，主题设置“家族企业”“家族涉入”“家族控制”等，数据截止日期为 2017 年 4 月 27 日，共得到 2001 – 2015 年有效文献 883 篇①，由于 CSSCI 数据导出时没有关键词数据，作者在导出 CSSCI 的 883 篇文献数据后手动将每篇文献的关键词信息补充完整。

（二）研究工具

本书选用最新版 CiteSpace V 作为分析工具，该软件是用于分析科学文献领域发展历程和演化方向的一种可视化软件[66]。本书通过对分布国家和发文量和热点词的共现和聚类分析、热点词突现分析等，对比研究国内外家族企业的热点和趋势。具体如下，关键词能够反映文献的核心研究内容，关键词共现是分析计量不同的关键词同时出现在同一篇科技论文中的频次，共现频次越高的关键词越能反映当下的研究热点，该方法是基于词频的内容分析方法，表征研究主体的特征；突现词则是指在短时间内出现或引用频率突然变高，加速增长的词汇；不同于关键词共现的频次，突现词是统计在某一短时间内关键词的增长率，来明确此时突然出现或酝酿形成的新趋势，来确定该领域目前的研究前沿。

---

① CSSCI 数据库发文年代设置是 1998 年至 2015 年，而 CSSCI 中家族企业的文献是从 2001 年开始，所以得到的是 2001 – 2015 年的有效文献。

2.1.2　国内外家族企业研究领域发文量对比分析

（一）国家分类文献统计

通过对 WOS 数据库各国发表论文数量的分析，得到的国家合作网络地域图谱如图 2.1 所示。

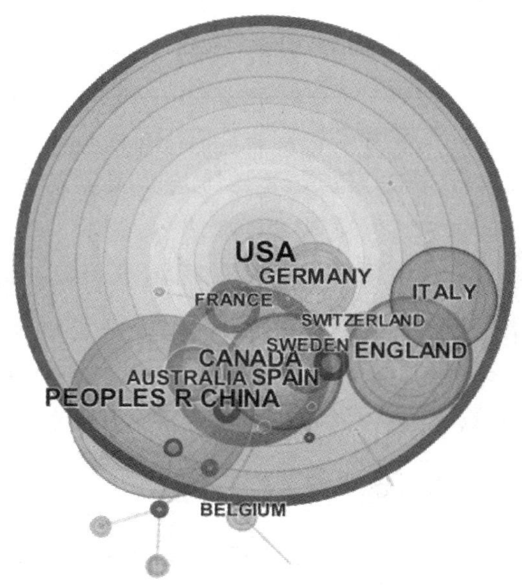

图 2.1　WOS 数据库家族企业网络地域图谱

从图 2.1 中可以看出，美国发文量最多，占有绝对优势，数量为 516 篇，占据所有发文量的 29.46%；中国的发文量排名第二，数量为 210 篇，占比 11.99%；加拿大、英国和西班牙分别排名第三、第四和第五。

表 2.1　WOS 数据库家族企业中心度

国家	中介中心度	频次
加拿大	1.26	158
美国	0.87	516
法国	0.77	53
荷兰	0.62	28

续表

国家	中介中心度	频次
瑞典	0.5	53
西班牙	0.34	127
英国	0.25	135
意大利	0.17	115
中国	0.09	210
比利时	0.09	46
德国	0.04	101
瑞士	0.01	42

网络中节点的中介中心度测量的是网络中某节点出现在网络中任意两个节点的中间节点上的能力，值越高代表该节点获得重要信息的能力越高，从图2.1的发文量和表2.1的中心度可以看出，美国和加拿大对家族企业的研究及成果的重要性都位于前列。而中国的发文量虽然排名第二，但中心度却排名第九。我国词频与中介中心度的不协调反映出我国已经开展了丰富的家族企业研究，但仍需要提升与多个国家的合作研究能力，从而获得多样化的知识和信息，提升我国家族企业研究在国际上的地位。

（二）国内外发文量对比分析

本书得到的WOS数据库的统计时间是1990－2017年，CSSCI的统计时间是2001－2015年。WOS数据库统计的时间跨度是1986－2017年，但家族企业文献的年代分布是从1990年开始，而Family Business Review是1988年创刊，至此国内外学者对家族企业的研究才慢慢形成了相对独立的研究领域。从图2.2看出，从2005年开始，国外家族企业的研究有了飞速发展。国内CSSCI中家族企业的文献从年代分布和数量两个方面都与国外有一定的差距，我国家族企业的相关文献1998年前数量不多，1998年以后才开始大幅增加①，在2006年达到最高，发文量是1998年的21倍，之后开始有下降的趋势。

① 这个结论通过查询知网来补充印证。在知网期刊数据库中查到1988－2017年间“家族企业”为关键词的文献2451篇，最早的文献是1993年，1993－1997年发表的文章仅有18篇。

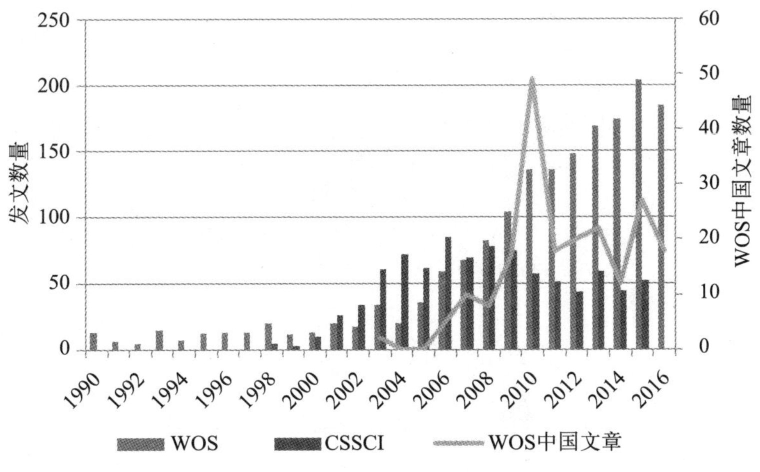

图 2.2 国内外家族企业文献年代分布

由于 WOS 数据库中包含了中国学者的文献，本书进一步分析中国学者在 WOS 中的文献发表情况，结果看出，从 2006 年开始国内学者在 WOS 中发表文章数量稳步上升，在 2010 年达到最高，发文量为 49 篇，该年文章发表量的高峰与我国举办“机遇与挑战——2010 年家族企业发展国际会议暨首届家族企业家论坛”有关。2010 年中有 28 篇发表在该论坛，该论坛由国际家族企业学会①首次在欧洲以外的国家举办，由此反映出我国学者对家族企业研究的重要性和国际关注。总体来说，除去论坛文献，我国家族企业研究总体上呈现出波动中上升的态势。

2.1.3 国内外家族企业研究热点聚类分析

（一）国外热点聚类分析

图 2.3 是在关键词共现的基础上进行的聚类分析，通过对聚类结果进行修减，选取了聚类模块较大的 7 个聚类代表家族企业研究的热点问题，具体结果见表 2.2。

① 该组织是全球唯一专门研究家族企业的学术组织。

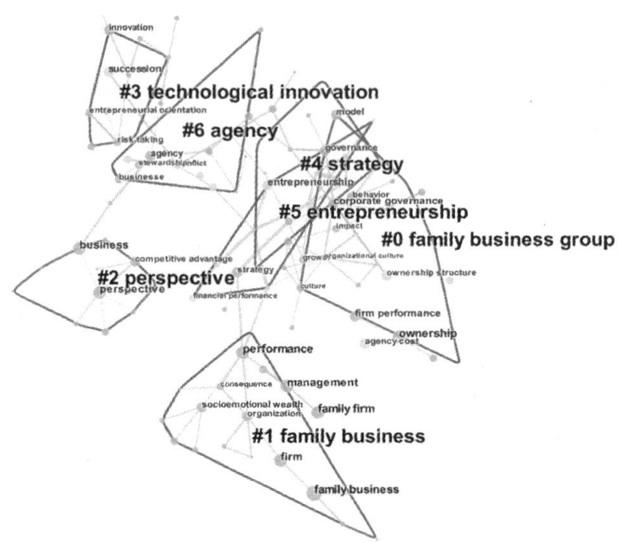

图 2.3　WOS 家族企业热点词聚类图

表 2.2　　WOS 家族企业热点词聚类表

分类	聚类编号	聚类名称	聚类大小	S 值	平均年份	子聚类名
1	#0	family business group	17	0.778	2006	family business group; corporate governance; emerging market; culture; ownership and control
	#1	family business	15	0.922	2003	family business; firm; exploratory evidence; possession; firm performance
2	#2	perspective	12	0.906	2007	perspective; stress; conservation; strategic management; future challenge
3	#3	technological innovation	11	0.891	2011	technological innovation; risk taking; entrepreneurial orientation; development investment; founder firm
4	#4	strategy	10	0.807	2006	strategy; diversification; misallocation; corporate ownership; family management
	#5	entrepreneurship	10	0.905	2003	entrepreneurship; industry; family business success; socioemotional wealth; owner
5	#6	agency	10	0.842	2006	agency; stewardship theory; intragroup conflict; top management team; organizational trust

这7个聚类大小都至少涵盖10个以上的节点，S值①都大于0.778，聚类效果较好，主题明确。从聚类结果可以看出，家族企业的研究热点有：家族企业集团的治理（family business group）、家族企业定义与研究方法（family business）、家族愿景（perspective）、家族企业技术创新（technological innovation）、家族企业战略决策（strategy）、家族企业的创业精神（entrepreneurship）以及家族企业的代理问题（agency）。结合聚类结果及类间关系，本书将国外家族企业的研究热点归为以下几类讨论：

1. 家族企业集团与家族企业

本书将聚类#0和聚类#1合并讨论，这两个聚类中主要包含了企业治理（corporate governance）、企业所有权和控制权（ownership and control）以及企业价值（firm performance）等子聚类。国外家族企业历时久远，目前国外家族企业体系较为完善，其中国外家族企业区别于国内家族企业的一个特征是家族委员会的设立。家族委员会能够领导家族企业集团和家族基金，明确家族成员职责，达到家族产业顺行传承和保持家族和谐[67]。这样，既保证了家族成员所有权和控制权的拥有[68; 69]、家族利益的延续，又可以使企业通过多元化发展来保证家族企业应对各种风险和机遇的能力。

2. 家族企业的未来愿景与挑战

该聚类包括企业对未来的保守态度（conservation）、战略管理（strategic management）方式及未来发展机遇（future challenge）等子聚类。对于企业未来的发展方向，家族所有者的风险偏好起到了决定性作用，这也是家族企业区别于其他企业的特性之一[70]。在具体的实践过程中，家族企业的战略管理方式以及对未来机遇的把握，都会影响家族企业的长期发展[71]。

3. 家族企业创新与可持续发展

该聚类包括技术创新（technological innovation）、风险承担（risk taking）、企业导向（entrepreneurial orientation）等子聚类。在企业创新的研究中，家族企业的异质性和所有权结构的不同会对企业的风险偏好有影响，进而影响企业对创新的投入程度。但家族涉入对于企业创新的影响，却有着不同的结论，有学者认为家族企业更愿意长时间的追求已定战略，投资

① S值是聚类效果的评价指标，S值越接近1，则样本聚类合理。

时则更愿意进行长期性的创新投资[72]。但也有学者认为，为保证家族利益不受损失，企业会做出偏保守的战略决策，从而阻碍对创新的投入[30]。对这种相矛盾的结论，值得学者们更进一步的探讨其中的原因。

4. 家族企业创业精神与战略问题

本书将聚类#4 与#5 合并讨论。这两个聚类包括家族企业创业精神（entrepreneurship）、家族成就（family business success）、社会情感财富（socioemotional wealth）、企业多样性（diversification）等子聚类。企业家是市场经济的主角，创业精神则是企业家的灵魂，创业精神在家族企业这种典型的企业家控制的企业中发挥的作用尤为突出[73]；而家族企业的战略行为与创业活动的互补更能有利于企业实现财富最大化，战略创业也成为国际学术界研究的热点，美国战略管理学会为此特别创立了战略创业杂志。家族企业对传承目标的追求更需要以家族创业精神的传承为支撑，传承者通过一系列战略创业行为，传承家族精神的同时顺应时代发展，保证企业的长远发展诉求[74]。

5. 家族企业代理问题

随着家族企业的不断发展，企业仅靠家族成员会制约企业的长远发展，职业经理人的引入则很好地解决了这一问题，但职业经理人的引入也带来了代理冲突的问题。如何解决家族成员与高层管理团队目标不一致情况下的信息不对称[75]，是学者们长期研究的重点。

（二）国内热点聚类分析

从图 2.4 可以看出代表国内家族企业研究热点的 7 个聚类，表 2.3 显示这 7 个聚类的聚类大小都大于 10，S 值均大于 0.714。结合聚类结果及类间关系，本书将这 7 个聚类整合为四个方面进行讨论：

1. 家族控制

这个方面包含了聚类#0 和聚类#6。这两个聚类的生成的名称均为家族控制，造成这种情况的原因可能是，在对中文文献关键词整理的过程中发现不同学者即使从不同方向研究家族企业，关键词中大都会包含“家族控制”这个关键词，所以可以看出，这两个聚类的子聚类名称中，排名第一的都是“家族控制”；另外从聚类的平均年份和聚类大小可以看出，国内家族企业的研究最初就集中在家族企业的特性——家族控制[76]的方向，并

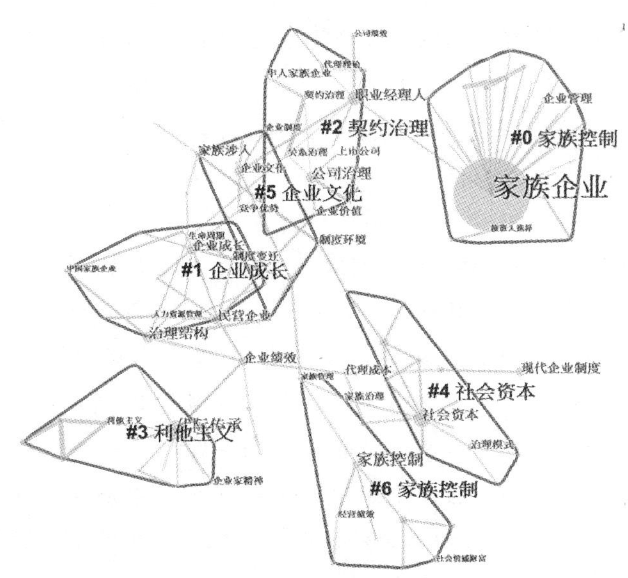

图 2.4　CSSCI 家族企业热点词聚类图

表 2.3　　　　　　　　CSSCI 家族企业热点词聚类表

分类	聚类编号	聚类名称	聚类大小	S 值	平均年份	子聚类名
1	#0	家族控制	35	0.992	2006	家族控制；外部公平性；盈余管理；利他主义；家族理性
	#6	家族控制	10	0.875	2009	家族控制；传承意愿；社会情感财富；家族治理；家族所有
2	#1	企业成长	16	0.84	2005	企业成长；制度创新；委托代理关系；治理结构；企业价值
	#5	企业文化	12	0.714	2006	企业文化；制度环境；产权制度；激励机制；社会责任
3	#2	契约治理	13	0.837	2006	契约治理；关系治理；职业经理人；代理理念；家族雇员
	#3	利他主义	12	0.991	2007	利他主义；家族理性；家族利益；企业利益；代际传承
4	#4	社会资本	12	0.901	2005	社会资本；私营企业；企业治理结构；治理模式；企业控制权

且持续时间不短，随着研究的深入，对于家族控制的研究也由最开始的家族与企业的对立视角（外部公平性、利他主义等）慢慢深入探索解决家族与企业冲突（社会情感财富）、保证企业长远发展（传承意愿）的新的视角。

2. 企业成长与企业文化

这个方面包含了聚类#1 和聚类#5。这两个聚类都属于企业的内部治理问题。家族企业在保护家族利益的同时，某种程度会影响企业的成长。如何从企业制度有所创新，使家族成员与外部成员间委托代理关系更加契合，从而使企业顺利成长[77]，是很多家族企业困惑的地方。而对于任何一个企业，企业的文化建设也是保证企业长久存活的一个重要因素。由于长期受中国家文化的影响，会使中国家族企业拥有很多不同于非家族企业的企业文化[78]。如何建立合理的企业制度、激励政策来使家族特性转变为家族企业的竞争优势，都应该是企业在成长过程中关注的问题。

3. 契约治理与利他主义

这个方面包含了聚类#2 和聚类#3。家族企业的利他主义会在企业的发展初期使家族成员利益捆绑，形成竞争优势。但随着企业的不断发展，利他主义在为整个家族谋取福利的时候会产生很多代理问题[79]，代理冲突的解决必须以适合的契约模式为前提保证，契约治理便成为家族企业的治理模式的一种重要模式，有研究得出中国家族企业在强契约治理模式下企业价值更好[80]。

4. 社会资本

中国社会中一直都很注重“关系”，在这种“关系”本位的社会中，家族企业在管理和发展的过程中必然会在需求法则和人情法则中有所权衡[81]。家族企业最初的社会资本核心是家族，但在转型发展的过程中，如何突破传统的家族观念，在现形社会关系网络中，建立更加科学的治理模式和结构，是我国家族企业需要考虑的问题。

2.1.4 国内外家族企业研究趋势分析

在同一研究领域，不同时期学者们关注的重点并不相同，不同时期关注的热点就构成了该领域的整体研究路径。CiteSpace 通过“突现词检测”

来检测每个阶段引起大多数学者关注的研究前沿。

(一) 国外热点词突现分析

1. 持续时间最长的突现词

通过对 WOS 中突现词的检测，从图 2.5 可以发现，持续时间最长并开始时间最早的突现词是“性别（gender)”，该词突现起始于 1988 年，2007 年开始出现下降趋势。通过对具体文献进行分析后发现，早期对家族企业研究中，学者们最开始是对家族企业的“家族”“家庭”这一概念进行探讨分析。早期的家族企业大多都是由家庭组成的小企业发展起来，家庭成员中不同性别在企业的职能分工会形成不同的企业发展模式[82]。在不同传统和文化背景下，不同性别的家族成员在企业中权力和管理的职能分工，引起了学者们的长期关注。此外，家族企业的继承问题是区别于其他企业的一个关键点，随着经济的发展、观念的变化，在与传统文化冲突的碰撞中，继承过程中不同性别继承者的选择也是企业一直经历的问题[83; 84]。从“性别”这个突现词可以看出，对家族企业的研究最初是从企业的内部机制研究开始的。

2. 强度最强突现词

热点词“社会情感财富（socioemotional wealth)”突现于 2014 年，出现时间虽晚，但强度最高，达到了 11.81。2007 年 Gómez - Mejía 等(2007)[85]等提出了社会情感财富理论，指出社会情感财富是家族企业治理和战略的重要参考依据。在对家族企业的研究中，家族利益与企业利益的冲突一直是学者们争议的焦点，社会情感财富理论的提出给家族企业的研究提出了一个全新的视角，解决了长期以来学者们基于经济视角解释家族利益与企业利益割裂的问题。由于社会情感财富的研究刚起步，社会情感财富目前更多的是定性视角的一个概念[86]，后续应该明确该理论的构成维度，从定量的角度完善其测量方法，从而更加清晰社会情感财富对家族企业的影响作用。

3. 出现时间最晚的突现词

热点词“发展投资（development investment)”突现时间最晚，突现时间始于 2015 年。创新能使企业保持竞争优势，目前对于企业创新开发投资的研究已经非常丰富。虽然家族企业在规模、融资、技术等方面都使企业发展存在很大的困境，但也正是这种困境使得家族企业更愿意通过开发、创业来突破发展困境，形成竞争优势[87]。

从国外三个关键词突现的分析及图 2.5 所示的突现词的研究路径看出，国外家族企业存在的时间较长，最开始国外学者是对企业内部成员的结构和定位进行研究。随着职业经理人的引入，家族成员涉入与职业经理人的代理冲突、企业的管理过程中矛盾的出现对企业的影响引起了学者的关注。此外，从热点词 altrusim（利他主义）、socioemotional wealth（社会情感财富）的突现时间可以看出，家族企业的理论基础也从仅关注家族利益的“利他主义”，转变为“社会情感财富”。而“社会情感财富”理论的出现从一个全新的角度理清了家族与企业之间的矛盾所在，为企业更合理的平衡家族与企业利益提供了理论支撑；在此基础上，企业的创业投资研究则为企业的长远发展提供了新的方向。

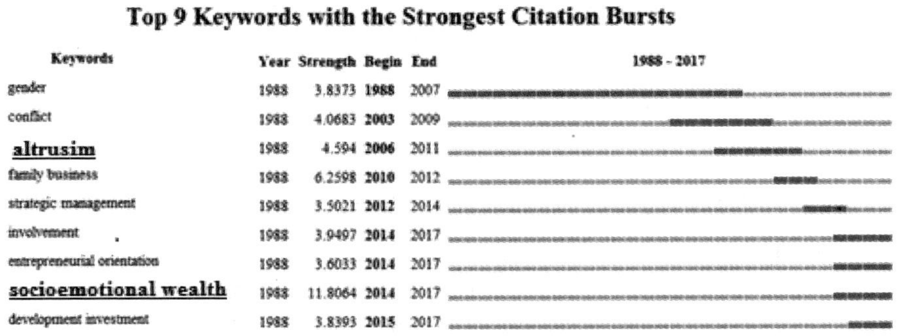

Top 9 Keywords with the Strongest Citation Bursts

Keywords	Year	Strength	Begin	End	1988 - 2017
gender	1988	3.8373	**1988**	2007	
conflict	1988	4.0683	**2003**	2009	
altrusim	1988	4.594	**2006**	2011	
family business	1988	6.2598	**2010**	2012	
strategic management	1988	3.5021	**2012**	2014	
involvement	1988	3.9497	**2014**	2017	
entrepreneurial orientation	1988	3.6033	**2014**	2017	
socioemotional wealth	1988	11.8064	**2014**	2017	
development investment	1988	3.8393	**2015**	2017	

图 2.5　WOS 关键词突现

（二）国内热点词突现分析

1. 持续时间最长的突现词

从图 2.6 看出，在国内家族企业的研究中，热点词“代际传承”突现持续时间最长，突现的开始时间是 2008 年，持续到现在。国内家族企业发展较晚，近几年来国内很多家族企业的创始者开始面对传承的问题。受传统文化、成长背景、产业特点及规模等因素的影响，“子承父业”是很多国内家族企业主要的继承模式，中国千百年的家文化在很长一段时间使企业家族化成为企业的主要选择[88]，但“子承父业”模式伴随的很多问题会使创始人对传承模式有所犹豫，由此运生出一种“泛家族化”传承模式，将传承对象扩大为亲戚、朋友等，甚至是职业经理人。而“泛家族化”中职权、利益分配等问题值得继续深入探讨。

2. 强度最强突现词

热点词“家族控制”是强度最强的突现词，出现时间较晚，始于2013年。国内对于家族企业的定义并没有统一的界定，但普遍认可的界定中都会涉及家族成员控制权、所有权的比例。我国家族企业所有权、控制权高度集中，与小股东矛盾更加突出[89]。对于家族企业，如何平衡家族与企业之间的利益，保证企业的长期发展，是我国家族企业现阶段急需解决的问题。

3. 出现时间最晚的突现词

热点词“家族涉入”“家族控制”突现时间最晚，开始于2013年。从出现时间最晚与强度最强的词都是“家族控制”可以看出，我国家族企业受中国特有“家文化”的影响，对于企业权威的需求通过“家族涉入”“家族控制”得到了透彻的体现；但这种控制对于企业绩效、传承所带来的问题也更为突出[90]，另外，在中国社会关系中形成的家族差序格局的特征，使家族成员内部的家族权威问题也是国内学者关注的重点。

Top 10 Keywords with the Strongest Citation Bursts

Keywords	Year	Strength	Begin	End	1998 - 2015
企业管理	1998	4.5306	**1998**	2003	第一阶段
制度变迁	1998	2.985	**2002**	2006	第一阶段
上市公司	1998	3.0157	**2003**	2006	第一阶段
现代企业制度	1998	5.0561	**2003**	2006	第一阶段
治理结构	1998	3.0428	**2003**	2009	第一阶段
代际传承	1998	3.4471	**2008**	2015	第二阶段
治理模式	1998	2.9586	**2009**	2010	第二阶段
代理成本	1998	3.4225	**2012**	2015	第二阶段
家族控制	1998	6.0342	**2013**	2015	第二阶段
家族涉入	1998	5.3579	**2013**	2015	第二阶段

图2.6　CSSCI关键词突现

从国内三个关键词突现的分析及图2.6所示的突现词表达的研究路径看出，以2008年为分界线，国内家族企业的研究可以分为两个阶段，第一阶段对家族企业的研究是以企业为主体，研究企业的内部治理、制度变迁等问题，家族企业只是作为企业类别的一个分支。在经历过2008年的金融危机后，在国家各种政策的支持下，企业经过市场的洗礼后开始转而关注家族对于企业的意义和作用，另外，由于我国家族企业发展较晚，近几年大部分家族企业才开始进入传承阶段，代际传承和职业经理人的代理问题便成为学者们关注的焦点。

2.1.5 国内外家族企业研究热点及趋势比较与启示

通过运用 Citespace V 对国内外家族企业文献的计量对比分析发现，国内外学者对于家族企业的治理结构、传承、绩效等问题都进行了广泛研究。从国外家族企业的研究趋势可以看出，国外对于家族企业的关注点已从企业的内部治理及家族特性的研究，转变为深入分析如何利用家族特性更好的影响企业战略及创业等过程[74]；在解释家族利益与企业利益割裂的问题时，也从先前的经济视角转化为从社会情感财富理论的角度给家族企业研究提出了一个全新的视角[91]；同时，近几年对家族企业创业的研究更是为家族企业的长远发展提供了新方向。

国外对于家族企业已经形成较为成熟的研究，有很多值得国内学者学习和参考的地方，但不能纯粹的照搬模仿。我国学者更应该结合中国特有的体制，构建适合中国家族企业研究的理论体系和研究方法，从而充实世界家族企业研究的知识积累。通过对比结果，本书认为我国家族企业在未来的研究中应关注几个方面：

一方面，由于“家文化”“泛家族”等传统思想对我国家族企业的影响之久之深是其他国家难以比拟的，在定义家族企业时若缺乏“家文化”思想的影响，中国家族企业的研究是不完整的。学者们应该结合中国“家文化”的背景，构建有“中国特色”的家族企业研究，这样也能补充国际上对该方面研究的匮乏。

另一方面，中国经济的增长速度和国际市场的拓展是有目共睹的，从国家层面国家近期也提出要大力发展“战略新兴产业”和“创建资源节约型企业和社会”，这对于还处于成长阶段的中国家族企业群体既是机遇又是挑战，在这样的宏观背景下，家族企业的长远发展、创业活动、生态环境效率及国际竞争需要学者们进一步的深入研究。

总体来说，家族企业对我国经济增长起到关键作用。本书对国内外家族企业研究热点及趋势的对比分析，一方面旨在从理论上理清家族企业的研究脉络，为之后的研究提供理论支持；另一方面则从实践角度对我国家族企业的发展指出方向。在未来研究中，我国学者既应该更加注重中国传统文化对家族企业的影响，又需要关注中国经济的发展趋势，构建有“中国特色”的家族企业研究体系，才能真正帮助企业提高创新水平、拓展国际市场，保证企业的长远可持续发展。

2.2 理论基础

2.2.1 代理理论

代理理论最初是由 Jensen 和 Meckling（1976）[92]在《企业理论：管理行为、代理成本与所有权结构》中提出的。他认为当单一股东拥有企业全部股权并管理企业时，所有权与管理权没有分离，不存在目标冲突，故不会产生代理问题。代理理论的一个基本假设是人是自私的，当所有权与管理权分离时，管理者出于对自身利益的考虑，与股东利益并不一致，就会产生代理冲突问题。

传统的代理理论是基于西方资本市场的背景提出的，西方发达国家的企业普遍都股权相对分散，所有权与管理权高度分离，故传统的代理理论是一种单重的代理理论[93]。相比于非家族企业，家族企业终极所有权为家族成员所掌握，自然减少了管理者侵占股东财富的可能性。从传统代理理论的视角看，家族企业的代理冲突问题更弱[37]，但从所有者和管理者的代理冲突来理解家族企业的代理问题并不全面。随后，Makhija 和 John（2003）[94]提出控股股东存在着剥削外部中小股东的动机，故大股东与小股东之间存在第二类代理问题。而家族企业第二类代理问题严重的原因是家族企业大都是通过金字塔结构控制企业，金字塔结构的控股方式会放大家族控制者对企业的控制权，加大了其通过隧道行为侵占外部中小股东利益的可能性。此外，家族企业的经理层可能由家族经理人或外部经理人担任，故近一步提出了三层代理关系，将第一类代理问题细分为所有者与家族经理人、所有者与外部经理人之间的代理问题两个部分[95]。

代理理论运用在家族企业的研究中的原因是家族与企业之间的异质性会使家族与企业的关系更为复杂[29; 96]。不同家族企业差异性的非经济目标会使以代理理论为基础来解释家族企业的行为就很重要。

但代理理论关注的是委托人与代理人之间因为信息和利益的不对称带来的代理问题，但这个视角却无法解释代理问题形成的原因，故需要深入考虑代理冲突的形成机制，才能更为全面了解家族企业的行为。

2.2.2 信息不对称理论

信息不对称是指信息在不同主体之间传递时，所有者和接受者之间信息不对称分布的情况。这种不对称的信息分布会增加信息所有者利用信息优势为自身谋取福利的可能性，而信息接受者则因为处于信息的劣势地位，为了获取更多的信息则需要付出更高的成本代价[97]。

信息不对称主要存在于市场交易中，交易者契约签订前后的信息不对称会引发不同的问题。契约形成之前的信息不对称会产生“逆向选择”问题。“逆向选择”是指在交易发生前，公司控股股东与外部投资者之间所掌握的信息有所差异，公司控股股东作为信息优势方更有可能隐藏信息，而外部投资者作为信息劣势方无法获得企业的全部信息，故不能对企业做出准确的判断，只能根据有限的信息对投资的企业进行判断。契约形成之后的信息不对称会产生“道德风险”问题。“道德风险”是指在交易发生后，企业控股股东为了追求自身利益的最大化，会利用其信息优势而做出有损对方利益的行为[98]。信息不对称引发的问题会影响市场的交易效率，如果对信息不对称不加以遏制，市场爆发危机必然会发生。

1970 年，美国学者乔治·阿克洛夫（2001）[99]在《“柠檬”市场：质量的不确定性和市场机制》中提出信息不对称的概念，他提出企业在融资过程中资金需求者和提供者存在信息不对称，资金需求者为了获得更多的资金，会向资金拥有者提供更的对自己有利的信息，而掩盖对自己不利的信息。信息传递可以使公司向外部投资者通过信息传递使其与较差的企业区别开来，从而使市场对其做出积极的回应[100]。通过信息传递，企业与外部投资者的“逆向选择”和“道德风险”问题可以得到有效缓解。

2.2.3 社会情感财富理论

家族企业作为世界各地长期存在的一种组织形态，受到大量学者的广泛研究。但早期学者们研究家族企业的理论基础都是借用其他领域的理论基础，其中主要的理论包括代理理论[101]，管家理论[102; 103]和利益相关者理论[104]等。

在家族企业的研究过程中，学者们都一直都强调家族所有的独特之处。相较于其他非家族成员，家族所有者对非经济目标有更强烈的偏好，但这些借用的理论并不能完全解释家族特性在企业中的作用。近期 Gómez - Mejía 等（2007）[85]提出的社会情感财富理论则很好的解决了之前借用的理论中不能完全解释家族特性的问题。

社会情感财富理论是代理行为模型的拓展，代理行为理论的核心是企业的决策者会为了自己在企业积累的禀赋来影响企业的战略决策。而该核心思想运用到家族企业时，Gómez - Mejía 等认为家族企业在进行战略决策时会以非经济收益作为首要参考点，为了保全非经济目标，家族更甚可以损害经济目标而成全之，而这些非经济目标都被看作家族企业的社会情感财富目标。

社会情感财富属于非经济研究范畴，根据 Gómez - Mejía 等人最初的定义及之后学者们的补充，社会情感财富的内容主要包括：

（1）权力行使的保证。家族企业的一个重要特性就是家族成员通过对企业的控制权影响企业的战略决策。

（2）家族亲情维系的需求。家族与企业的模糊界限会使企业成为满足家族成员情感需求的重要场所，但同时也会对企业的决策产生羁绊。

（3）家族价值观长期维系于企业，建立家族帝国。家族价值观在企业的维系会提高家族成员在企业的自我价值的实现，更有助于家族成员通过对企业的控制和管理来实现对企业文化的构建。

（4）保全家族的社会资本。家族会将基于血缘的家族社会关系延伸和运用到企业中，延续和保全家族的社会关系。

（5）传承意愿。家族通常会将企业作为长期投资，希望能将企业传承给家族的后代，跨代传承是社会情感财富的一个重要维度。

社会情感财富理论作为研究家族企业新的理论基础，很好的将家族企业的家族目标与企业的风险承担、战略决策等有机结合起来，为家族企业的研究提供了一种家族企业“土生土长”的理论支撑[105]。但由于社会情感财富理论的研究还处于初期阶段，该理论无论在维度划分还是实证研究方面都有很多需要完善的地方。目前对社会情感财富理论几个维度的界定还有重叠的地方，不同维度之间的关系还需要进一步梳理清楚。此外，在对社会情感财富理论界定清楚后，各个维度的测量方法和指标还应该通过科学的方法和量表度量，从而推动社会情感财富理论的进一步发展。

2.3 文献综述

2.3.1 家族企业创新的现状与问题

家族企业其创立、发展和成熟的过程必然会面对是否创新、如何创新的实际问题。创新投资已经被当作促进企业知识发展、增强企业吸收能力的重要决定因素[106; 107]，创新投资为企业创造的直接或间接的收益能够为企业提供差异化、组织更新、增长和盈利的机会[3]，是影响企业生存和发展的重要因素[108]。

创新投资涉及大量的风险，其回报率及回报周期存在很大的不确定性[109]，因此任何影响不确定性和收益的因素都可能导致创新投资的变化。企业作为创新投资的主体（国家统计局等，2011），在做投资决策时，面临的主要问题就是该投资会影响哪些利益相关者，而企业该又如何权衡这些利益相关者。

家族企业相较于非家族企业不仅在于拥有企业的最大股份和参与企业的高层管理岗位，更重要的是这种控制者的特殊身份，他们会追求与这种身份紧密相关的战略、利益和行为，企业的战略、行为和绩效也因此受到特殊的影响[85; 110; 111]。故国内外学者从企业治理的视角，研究了家族涉入对企业创新活动的影响。

但创新的过程纷繁复杂，创新投资的不确定性也会受到各种因素的影响。其中，资金是创新投资的重要动力，没有充足的资金支持，创新投资的项目就无法开展或中途夭折。此外，创新投资的不确定性还体现在创新成果能否真正的提升企业价值。故本书将从创新资金来源（外部融资）——创新活动决策（创新投入）——创新决策结果（企业价值）三个阶段来梳理家族企业创新活动的研究现状。

2.3.2 家族涉入与外部融资

企业的融资方式主要有内源融资、外源融资，其中外源融资方式主要包括债务融资和股权融资。家族企业从发展初期主要依赖于内源融资。有资料显示，90%以上的家族企业是完全靠自筹资金来解决创业资金。但随着企业的发展，家族企业光靠内源融资明显不足于支撑企业的长期发展。而家族企业融资难主要是外源融资困难[112]。故本书将从债务融资和股权融资两种外源融资方式来梳理家族涉入对企业融资的影响。

（一）家族涉入与企业的债务融资

目前家族涉入对企业债务融资会起到促进或是阻碍作用，学者们并没达成一致的意见。一部分学者认为，家族涉入会有利于企业的债务融资。首先，从代理成本的角度看，当所有者和管理者都属于同一个家族时，他们之间的第一类代理冲突会较弱，代理成本也相对较低[113]，代理成本的降低有助于企业现金流的提高，从而减少债务违约的风险，减少企业的债务融资成本。其次，相较于非家族企业，上市家族企业对社会情感财富的追求更为强烈，家族企业更希望家庭价值观长久维系于企业内部，建立永续家族帝国[86]，家族控制者会更关注企业价值的增长，这时家族控制者与债权人的利益更为一致，更有利于降低企业的债务融资成本[114]。此外，储小平（2000）[115]曾提出，在华人家族企业中，华人家族特有的社会关系网络会对家族与社会财务资本的融合起到关键性作用，可见家族涉入更有利于企业进行债务融资。而 Anderson 等（2003）[114]通过对美国上市公司的研究也得出了同样的结论，证实家族涉入有利于企业的债务融资。

但也有学者提出家族涉入会对企业的债务融资产生不利影响。首先，即使所有者与管理者同属一个家族，家族所有者与管理者的利他主义也会有不对称的时候，这样家族管理者就会出现“搭便车”的机会主义行为。但相较于非家族企业，家族企业可能为了维护家族声誉对这些行为不会进行惩罚，这样就会增加企业的代理成本[116]。此外，有学者认为债权人通常会认为控制性家族为了谋取个人私利，会通过各种渠道来掠夺企业的资金，因而债权人为了避免投资风险，会提出更高的利率回报，这样就增加了企业的债务成本[117]。但由于家族企业的信用能力不足，控制家族为了维持家族的绝对控制权，企业没有透明化的财务管理制度，企业从银行获得信贷借款的难度较大，家族企业可能会偏向于选择监管机制较弱的债权融资方式，这样就更加大了企业的债务融资成本[117; 118]。

（二）家族涉入与企业的股权融资

股权融资的性质必然会影响企业控制权的分配，家族控制权与企业股权融资之间存在紧密的联系。Hutchinson（1995）[119]和 Howorth（2001）[120]都曾提出，由于家族企业对控制权把控的愿意更强，企业的家族控制者不愿意甚至抵触进行股权融资。但随着企业的不断发展，资金的需求不可能以单一的内源融资得到满足[121]。起步阶段的企业在筹集资金时，家族控股股东为了避免股权稀释，更偏向于债权融资，等企业慢慢发展成熟，企业拥有较为充足的现金流后，为避免债务风险过高陷入破产危机，阻碍控制家族企业对中小股东的利益侵占，控股家族企业更倾向于股权融资。而且，由于中国家族企业发展时间短，信息基础较差等原因，从银行获得信贷的优势较小[122]，债务融资的成本过高，所以不同于发达资本市场的融资偏好顺序，中国的民营企业更愿意选择股权融资方式。

但家族涉入对企业股权融资成本的影响，目前没有得到一致的结论。有学者认为，家族涉入会使企业的股权融资成本增加。从家族控制股东的角度看，企业进行股权融资，控股股东持股比例降低的同时，也加大了对中小股东侵占的道德风险。研究显示，信息不对称是造成家族所有者侵占中小股东权益这种道德风险的主要原因[123]。相较于信息透明度高的企业，信息透明度低的企业更容易使外部投资者认为企业控股股东会侵占小股东的利益[124]，从而增加了企业的股权融资成本。但也有学者认为，家族企业进行股权融资时，家族所有者对股权的大比例持有可以看作是对上市公司的专用性资产投资，这种投资会给利益相关者一个积极的信号，对企业更有信心，从而有效降低企业的股权融资成本[125]。

近年来，国内外对于家族企业外源融资的研究已经取得了一定成果，为家族企业外源融资的进一步研究奠定了基础。从这些研究中可以看出，家族企业为了企业的长远发展，必须要与社会资本进行融合。从已有文献可以看出，虽然学者们对家族涉入对企业外部融资影响的结论并不一致，但都是以代理理论为基础，外部投资者对企业进行投资时，家族涉入企业对外部投资者都代表一个信息传递，认为家族涉入会加剧或减弱与外部投资者的信息不对称，这样就会影响企业的外部融资成本，但对信息不对称并没有进行深入分析，因此值得进一步探索。

2.3.3　家族涉入与创新投入

（一）家族涉入与企业创新投入研究的分歧

企业科技创新必须有充足的创新投入作为必要前提，目前对于企业创新投入的研究成果非常丰富，从已有文献可以看出，政策环境、市场结构、企业家风险偏好、激励制度等因素都会影响企业的创新投入。而对于家族企业，家族系统的涉入会使企业在进行创新活动时会表现出非家族企业的特有行为。其中，家族企业家族涉入的异质性[126]会发展出家族企业特有的资源[127]，这些资源都会影响企业的创新投入。而对家族企业创新活动研究的理论基础从最开始的代理成本理论到近期的社会情感财富理论，学者们得出的结论并不一致。

1. 促进论

坚持家族涉入会促进企业创新投入的学者认为，虽然创新活动具有高风险及产出不确定性等特性，但大多数学者普遍认可创新活动对于企业长期发展能起到积极的作用[128; 129]。家族企业具有的长期导向性[130]，会使家族企业更愿意长时间追求已定战略，进行投资时也更愿意进行长期的创新投资。我国家族企业发展历史比较短，大部分家族企业目前都是由创始人掌控，对于企业长期发展的要求会更强烈，张远飞等[131]在对我国民营企业的研究中就提出由创始人掌控的企业更具有冒险精神。另外，出于对家族社会情感财富的追求，创新活动为企业声誉、根基稳固所起到的积极作用，会使家族企业更有动力和耐心加大创新的投入力度[132]。

从企业管理层的角度，当家族成员作为企业管理者时，家族管理者与企业的利益是一致的，家族所有者与管理者之间不存在利益不一致、信息不对称的代理问题[133-135]，为了企业的长期利益，他们会想办法将创新投入所遇到的风险降到最低，来促使创新投资的进行[136]。而且，家族成员作为管理者，在进行创新活动时必然会以家族社会情感财富的保全为前提，这样也会得到企业内更多其他家族成员的支持[137]。因此，家族涉入会有助于企业投资于创新等长期活动[24; 138]。

2. 阻碍论

坚持家族涉入会阻碍企业创新投入的学者认为：家族控股股东将资产集中于家族企业时，其财务风险必然与企业不可分割。家族企业利他主义会导致逆向选择和道德困境等代理问题[139; 140]，此外，家族为了避免经营战略的失误而损失家族社会情感财富，家族或偏向于保守、回避风险的战略决策[3; 29; 141; 142]。因此，家族企业往往会表现出短视的决策，不愿意投资周期长且不确定性高的创新活动。

当家族成员担任企业高管、参与企业管理时，家族管理者会将家族的社会情感财富目标纳入企业的战略考量中，家族管理者偏向于降低投资风险，从而降低企业的创新投资。同样，为了保护家族的社会情感财富目标，家族企业更偏向于雇佣家族成员担任企业的高管而不是专业的经理人，这会很大程度制约家族企业创新活动的管理能力[142; 143]，这种裙带主义的用人原则，会造成员工胜任力不足和非家族成员的不满[144]，从而导致创新活动资源基础的削弱[145]。

（二）家族涉入与企业创新投入研究的机会

家族涉入存在很大的异质性，创新过程也各有不同，若是简单认为家族涉入会有助或阻碍企业的创新活动，结论必会有所偏差。其中，家族涉入的异质性使家族所有者与管理者、家族控股股东与中小股东之间的代理冲突有所差异。学者们对家族企业创新活动不同的结论都强调了家族涉入可能减少或带来企业的代理成本，因此研究结论存在分歧是必然的。但学者们并没有深入对代理成本的成因及其对家族企业创新投入的影响进行研究，因此值得进一步探索。此外，家族涉入既可以为企业的创新活动提供某些资源，但也可能会限制创新活动的某些活动的开展，为了深刻认识家族涉入对创新活动的影响，还可以把创新过程进一步分为创新资金、创新投入和创新成果来进行研究。

2.3.4　家族涉入与企业价值

家族涉入对企业价值的影响，学者们最初是从家族企业的代理问题和代理成本出发进行研究的，而且也取得了一定的研究成果。近期，有学者还从社会情感财富的视角，研究家族企业异质性的根源。但目前家族涉入对企业绩效影响的认识还存在分歧。

在已有的研究中，大部分学者都是支持家族涉入对企业价值有积极的作用。从代理理论的角度，大多数家族企业所者权和管理权都较为统一，这就大很大程度上避免了第一类代理问题，家族控制者和管理者利益统一形成的这种内聚力会为企业形成更多的资源，进而有效促进企业的价值。Anderson 等（2009）[50]对美国家族企业的研究显示，家族控股股东可以有效监督职业经理在企业中的行为，降低代理成本，有助于提高家族企业的绩效。Andres（2008）[146]通过研究德国的家族企业得出，家族企业这种股权集中的上市公司绩效要高于其他股权分散的公司。国内一些学者也通过实证检验夯实了这一结论的可行性。李新春和陈灿（2005）[80]的研究显示中国上市的家族企业，家族控股股东的持股比例会显著提高企业的绩效。而叶银华（1999）[147]通过对中国台湾地区家族企业的研究也同样得出了家族成员持股与企业绩效正相关的结论。以上结论大都是以代理理论为基础，而对于近期学者们提出的家族企业的本土理论——社会情感财富理论，目前也有学者开始从这个视角研究家族涉入与企业价值的关系，同样也得出了家族涉入会促进企业价值的结论。一方面，家族与企业的相互渗透，使得家族企业更注重家族的形象[148; 149]，对外部股东、顾客更有责任感[150]，愿意承担更多的社会责任[137; 151]；此外，从长远看，家族企业为了家族社会情感财富的维护，在家族的战略决策中更愿意将企业的延续作为企业的重要发展目标之一[152]，会制定长期计划[135; 143]，提高企业的长期价值。

但也有一小部分认为家族涉入会对企业价值产生消极作用。企业因为家族的涉入会对企业带来潜在的关系冲突[51]，家族企业的金字塔结构会更家族控制权与现金流权的分离度增大，这样就加剧了家族控股股东对其他中小股东利益的侵占，从而不利于企业绩效的增长。Porta 等（1998）[153]的研究发现，当家族控股股东有足够的控制权控制企业时，会通过不支付现金股利、以关联交易等方式转移企业利润等方式来侵占外部中小股东的利益。Claessens 等（1999）[154]通过对亚洲地区家族企业的研究证实，当家族成员一股独大时，企业的股东之间很大程度缺失彼此制衡的作用，而这种治理结构中蕴含着很多道德风险和决策风险，这些都会对企业的市场价值产生消极影响。家族成员担任企业高管时，不同于非家族高管，家族高管承担家族与企业的双重角度，需要解决家族社会情感财富目标和企业利益的冲突[155]，此外，若能力不足的家族成员担任高管职位，对企业的价值更会产生更大的消极作用。

从上述文献可以看出，家族涉入对企业价值影响的研究结论存在争议。之前家族涉入对企业价值影响的研究是以代理理论为基础，但代理理论还是从企业的视角出发，并不能很好地解释家族存在的异质性，近期新兴的社会情感财富理论为解释家族利益与企业利益割裂的问题提供了新的视角，但对社会情感财富理论的研究还在理论研究阶段，对 SEW 的构成维度和内涵还没有进一步的划分度量，来解释 SEW 对家族企业利益的影响。

2.3.5 家族企业的信息透明度研究

信息透明度最初是在 20 世纪 90 年代开始受到关注，学者们从不同角度对信息透明度进行了定义和广泛研究。而企业信息披露动机的研究主要是源于控股股东与外部投资者之间的信息不对称引发的代理问题[156]，而家族企业的代理冲突问题更为严重。

对于家族企业信息披露的研究发现，股权集中和金字塔结构的形态使得家族控股股东与外部中小股东之间更容易产生代理问题，而当控制权与所有权的两权分离度越高，控股股东更容易操纵盈余，企业信息披露的含金量越低，企业更趋向于信息不透明来避免私人利益受损。

Chen 和 Jaggi（2000）[26]通过对香港上市公司的研究得出家族控制与企业的信息披露显著负相关。而 Anderson 等（2003）[114]和 Villalonga 和 Amit

(2006)[157]还进一步分析了家族企业不愿意进行信息披露的原因。他们认为，家族企业更注重企业的长期效益，不会简单纠结于企业的短期绩效。而当企业信息透明度低时，企业受外部干扰更少，企业可以不受短期绩效的困扰，更多的关注企业的长期发展。另外，较高的信息透明度可以有效缓解控股股东与中小股东之间的代理冲突，因而信息披露可以看作投资者保护的一个积极信号。家族企业为了避免家族控制权和家族利益受到损失，更有动机限制企业的信息披露[158]。企业信息没有得到完整披露，妨碍外部中小股东及时获得信息，这样家族成员会更有机会攫取控制权私利[159]。Anderson 等（2003）[114]探讨了家族所有权对企业债权融资成本的影响，得出相较于非家族企业，创始家族的参与可以缓解与外部债权人的冲突，从而降低企业的债权融资成本。Ma 等（2017）[160]通过对中国上市家族企业的检验，对家族控制权与不透明度进行交互，得出不透明度可以有效缓解家族控制权对企业债权融资成本的影响。学者们对家族企业的财务信息披露已有进行了丰富的研究，随着外部投资者越来越关注企业的社会责任，企业不仅会通过企业财务信息的披露与外部投资者建立良好的联系，还会通过企业社会责任的信息披露得到外部投资者的信任。Nekhili 等(2017)[161]通过对法国家族与非家族企业的对比发现，相较于非家族企业，家族企业的社会责任信息披露更能提升企业的价值。

国内学者对家族企业信息披露质量的研究较晚。徐向艺等（2010）[162]的实证研究发现，实际控制人两权分离度越高，企业的信息透明度越低。储小平和李怀祖（2003）[121]也分析了信息披露与企业融资的关系，并指出信息披露会影响企业的融资决策，从而导致家族企业只能依赖低层级的资本市场资金。石水平和石本仁（2007）[163]分析了家族所有权、信息披露与企业价值的关系，得出家族信息披露与控制权负相关，与企业价值正相关。除了分析家族企业的财务信息披露，许静静（2015）[164]还关注到家族特征的信息披露，并发现企业前十大非家族成员担任 CEO 的企业，对于企业特质方面的信息披露更少。这些研究都为本书分析家族企业的信息披露提供了支撑。

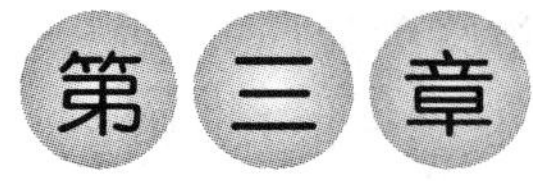

创新资金来源、创新活动决策与创新决策结果的关系

随着对企业创新活动研究的深入，企业创新项目的进行会受到很多宏观和微观因素的影响，这就会导致企业创新活动的成功充满不确定性，创新活动在企业中起到的作用也似乎利弊参半。再者，创新活动本身存在不可预知的风险[165]，相较于企业的其他资产投资活动，创新投入具有较高的资金风险和经济风险。创新活动的资金风险源于创新资金的供应不足或断裂都很可能增加创新活动失败的可能性，而经济风险则表现为创新活动能否真正提升企业的收益。创新投资的资金风险和经济风险是创新投资过程完成的重要环节，会持续影响着创新投资的前期投入和后期成果转化。学者郝盼盼（2017）[166]也曾提出外部融资、创新投入、企业价值是创新决策过程的三个关键阶段，但却未实证检验探究这三个阶段之间的关系。而资金风险如何影响企业的创新投入，创新投入进而会对企业价值产生怎样的影响是本章研究的重点。

企业是否进行创新投入以及创新投入的强度有多大，首先很大程度依赖于创新资金的来源。而创新活动周期性高的特征会使企业很难通过企业的内部资金保证创新活动的持续进行，故创新活动的资资金来源会更多的依赖外部资金的支持。在具体的操作中，企业的外部资金会对企业的创新投入产生积极或者消极的影响？创新投入是否必然会提升企业的绩效呢？本章将企业创新项目的“外部融资——创新投入——企业价值”链条视为进行创新活动时企业内部的系统性问题。故为了深入探究三者之间的关系，本章建立了外部融资、创新投入和企业价值之间的联立方程，在一个框架下分析创新活动的过程。

3.1 研究假设

3.1.1 外部融资与创新投入

创新投入因其周期长、风险高及转化为收益不确定等特点，使创新活动的进行需要大量及持续的资金投入。大多数家族企业很难通过内源融资满足创新活动所需的资金需求，更多的是需要从外部获得创新活动所需的资金支持。

外部资源的涌入，削弱家族对企业的控制，外部投资者更希望投资于短期稳健的项目，而不愿意投资高风险的研发项目。企业外部资源的获得主要包括债权融资和股权融资两种形式。

企业想获得债权融资，以银行为主的外部债权人一般都需要企业的固定资产作为抵押，而创新投资形成的知识资本和人为资本都是无形资产，企业很难以创新资本为债权融资进行担保[167]，对于企业而言，债权融资需要企业能够有稳定的还本付息的现金流，企业为此所背负的财务压力与创新项目资金投入所需的长期现金流存在较大的冲突[168]，且信贷市场对家族企业家族控制者“隧道行为”的偏见，更会阻碍企业创新项目的投资。

与债权融资相比，股权融资虽不需要担保，不会导致财务困境，但对于家族企业，控股股东与中小股东因利益不一致导致的代理冲突，控股股东为了私人或家族利益的攫取，会使信息不对称问题在股权融资成本的研究过程中显得尤为突出，信息不对称造成的严重极端情感会导致企业创新投资项目的“消失”[169]。为了避免这种情况出现，必然会要求增加企业的信息披露，以保护外部投资者的利益，但这样也增加了企业的信息披露成本和股权融资成本[170]。现有外部投资者更关注企业的当期利益，并不希望有过多的资金投入到损害当期利益的创新活动中[171]；而对于正在观望的外部投资者，高风险的创新投入可能会影响投资者的投资兴趣，为了进一步获得股权融资，会促使企业减少企业的创新投资项目。故本书提出假设：

H1：外部融资与创新投入呈显著负相关关系

3.1.2 创新投入与企业价值

创新投入的特点决定了企业在创新投入决策上的复杂性。创新往往伴随着大量的时间和资源的投入，并收益大都存在滞后性，具有高度的不确定性。尽管创新行为伴随着一定的成本和风险性，但创新活动与企业价值和企业成长之间的关系仍然得到了很多学者的认可。但创新活动对企业价值到底会起到积极还是消极的作用并没有统一的结论。

有一些学者认为家族企业更倾向于通过研发投入来提高创新能力，进而形成自己的竞争优势[172]。首先，家族企业在进行创新决策时，对创新项目的取舍会更客观和理性[173]。其次，具有长期导向特征的家族企业重视与合作伙伴建立良好的合作关系[174]，会利用合作关系帮助家族成员和企业获取新知识和新信息，缓解家族企业自身在知识积累和信息获取等方面的局限性，并帮助家族企业做出正确的技术创新决策，提升企业价值[175]。此外，Rosenbusch 等（2011）[176]通过对创新投入与财务绩效的元分析发现，在集体主义文化下，创新投入与企业价值的关系更为密切。中国作为一个集体主义文化氛围浓厚的国家，家族企业内部表现出更强烈的集体主义倾向，这也进一步证实了创新投入对绩效的积极影响。

但也有学者认为家族企业的创新投入对企业价值会产生负面作用。一方面，企业的创新活动需要大量及持久的资金及专业技术的支持，但家族成员并不能拥有创新活动需要的足够的资金和专业技术[85]。在追求家族社会情感财富的过程中，家族控股股东为了避免家族控制权受到威胁，会不愿意过多的引入外部投资者和职业经理人。企业创新投入的增加，会使家族企业资源约束的问题更加突出，这就导致家族其他资源投入的严重不足，进而对会企业的整体绩效产生损害。此外，资金和专业技术的缺乏会导致企业创新活动执行的有效性降低，创新成果的转化的可能性随之会受到影响。另外，长期性是创新活动的一个重要特征，但家族企业保守和厌恶风险的特性会使企业更注重创新项目的限时利益，这就不利于企业长远利益最大化的实现。故本书提出假设：

H2：创新投入与企业价值呈显著负相关关系

3.2 模型构建

结合企业的实际情况，本书采用联立方程组中的递归方程组来构建外部融资、创新投入和企业价值之间的模型框架。

$$EF = \beta_0 + \beta_1 FC + \beta_2 FM + \beta_3 Transparency + \beta_4 Beta + \beta_5 BM + \beta_6 Wedge + \beta_7 Duality + \beta_8 Ind + \beta_9 Size + \beta_{10} LOAR + \beta_{11} ROA + \varepsilon \quad (1)$$

$$R\&D = \beta_0 + \beta_1 EF + \beta_2 FC + \beta_3 FM + \beta_4 Transparency + \beta_5 Beta + \beta_6 BM + \beta_7 Wedge + \beta_8 Duality + \beta_9 Ind + \beta_{10} Size + \beta_{11} ROA + \varepsilon \quad (2)$$

$$TobinQ = \beta_0 + \beta_1 R\&D + \beta_2 EF + \beta_3 FC + \beta_4 FM + \beta_5 Transparency + \beta_5 Beta + \beta_6 BM + \beta_7 Wedge + \beta_8 Duality + \beta_9 Ind + \beta_{10} Size + \varepsilon \quad (3)$$

本书构建的联立方程组是一个三阶段的递归方程组。在模型（1）、（2）、（3）中，内生变量为 EF、R&D 和 Tobin Q。

第一阶段：外部融资方程。第一阶段是家族企业创新活动的起步阶段，资金的充裕和流动性是企业进行创新投入的前提。家族特性和企业的一些特征变量会对企业的外部融资产生影响。

第二阶段：创新投入方程。外部资源的涌入，会削弱家族对企业的控制。外部投资者更希望投资于短期稳健的项目，而不愿意企业的资金投资于高风险的研发项目，这就会对企业的创新投入产生影响。

第三阶段：企业价值方程。创新投入只有为企业创造价值才能真正体现作用。尽管创新行为伴随着一定的成本和风险，创新投入对企业市场价值的影响毋庸置疑。

三个阶段的关系研究框架如图 3.1 所示。

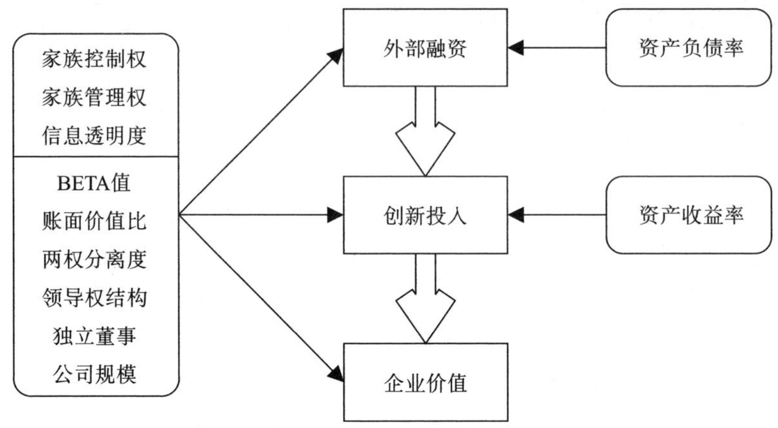

图 3.1 “外部融资——创新投入——企业价值”关系研究框架

3.3 研究设计

3.3.1 样本选择与数据来源

由于未上市的家族企业信息披露度较低，且获得一手数据的难度很大，而上市的家族企业信息透明度相对较高，故本书选择已经在深沪两市上市的家族企业作为研究对象。借鉴苏启林和朱文[42]等以及福布斯对家族上市公司的定义，本书将满足①最终控制人能追溯到自然人或者家族；②最终控制人直接或间接持有的公司必须是被投资公司的第一大股东；③至少有两名或以上的家族成员实际参与企业持股或经营管理活动这三个条件的企业定义为家族上市公司。

上市家族企业样本通过以下途径确定：先在国泰安数据库（CSMAR）中国民营上市公司数据库中筛选出实际控制人为自然人或家族的样本，再通过手工查阅公司年报、网站等方式来确定家族是否至少有两名成员参股或管理。确定好上市家族企业样本后，本书以 2013 - 2017 年作为样本区间，对样本进行了严格的筛选，剔除了金融保险和能源行业、ST、PT 类的公司以及数据缺失的样本，最终确定了 573 个上市家族公司，行业除了涉及传统的制造业、服务业，电子、计算机技术和医药等高科技行业的占比也超过了1/3，得到2865个观测值。

研发投入数据通过手工查阅公司年报获得，部分缺失数据使用巨潮资讯网核对补充。其他财务数据来源于国泰安数据库（CSMAR）中的中国民营上市公司数据库。此外，还通过巨潮资讯网的公司年报、公司主页和新浪财经网等对数据进行核实，以保证样本的合理性和数据质量。为了消除极端值的影响，本书对所有的连续变量进行前后各1%的Winsorize缩尾处理[177]。

3.3.2 主要变量

家族涉入（FI）。在有关家族涉入的主要研究中，一般测度方法有二分变量或连续变量。由于本书要研究家族的涉入程度，连续变量的方法更适合本书。故本书参照贺小刚等[17; 178]的做法，以企业实际人控制人拥有的上市公司的控制权（表决权）比例来衡量家族控制权（FC）；家族管理权（FM），管理权的涉入是考量家族成员涉入企业管理层的情况，参照Pindado等（2011）[179]的做法，以一组虚拟变量来表示家族成员管理层的涉入（FM），具体是指当实际控制人担任董事长或总经理时FM=1，反之，FM=0。

外部融资（EF）。本书的外部融资主要指股权融资和债权融资。参考程新生等（2012）[59]学者的研究，以企业现金流量表披露的“吸收权益性投资所收到的现金/期初总资产”来表示股权融资；以企业现金流量表披露的“（借款所收到的现金+发行债券所收到的现金）/期初总资产”来表示债权融资。外部融资总额等于股权融资加债权融资。

创新投入（R&D）。本书以创新投入强度作为企业创新投入水平的代理变量。借鉴Chrisman和Patel（2012）[3]等文献中的一般做法，以研发支出占主营业务收入的比例作为研发投入强度的指标，考虑企业创新投入的不确定性和周期较长等特点，本书将创新投入滞后一期。

企业价值（Tobin Q）。目前企业价值指标的衡量主要侧重于对某一横截时间的单个指标进行衡量，但这种衡量方法主要是反映企业的历史绩效，且不同指标的不一致并不能反映企业价值的变化。创新投资是企业的重要战略决策，会影响企业较长时间的财务绩效[180]。Tobin Q被广泛应用于金融等方面来反映不同因素对企业价值的影响，其可靠性已经得到认可和验证。参考胡有林和韩庆兰[181]和 Chung 和 Pruitt（1994）[180]等文献的作法，本书以 Tobin Q 来测量企业价值。

控制变量：根据现有研究，企业和家族的特征会对企业的外部融资、创新投入及企业价值产生影响。因此，本书选择了以下几个变量作为本书的控制变量。①系数（Beta）也被称为系统风险系数，该系数反映了股票市场整体的波动性，以每年上市公司公布的年末分市场年 Beta 值衡量；②账面市值比（BM）代表公司的破产风险；③资产收益率（ROA）代表公司对抗风险的能力；④两权分离度（Wedge），反映控股股东摄取控制权私利的可能性；⑤两职合一（CEO duality）代表企业的治理特征，当总经理和董事长两职合一则赋值 1，否则 0；⑥独立董事（IND），该指标代表对投资者利益维护的能力。由于证监会关于上市公司有独立董事不少于全部董事的 1/3 的强制要求，为了避免独立董事变为无实质的摆设，所以本书将独立董事设置为虚拟变量，独立董事占比大于 1/3 时，IND = 1，否则 IND = 0。⑦公司规模（Size），以总资产的自然对数表示；⑧资产负债率（LOAR）代表了公司的长期偿债能力。具体变量的符号及说明见表 3. 1。

表 3. 1　　变量定义及说明

变量类型	变量名称	变量符号	变量说明
创新活动	外部融资	EF	股权融资加债权融资
	R&D 投入强度	R&D	企业年报中披露的研发费用除以总资产
	企业价值	Tobin Q	企业的 Tobin Q 值
家族涉入	家族控制权	FC	实际人控制人拥有上市公司控制权的比例
	家族管理权	FM	实际控制人担任董事长或总经理时 FM = 1，反之，FM = 0
控制变量	β 系数	Beta	β 值
	账面市值比	BM	账面市值比
	资产收益率	ROA	净利润除以总资产
	两权分离度	Wedge	控制权除以现金流权
	领导权结构	Duality	虚拟变量，企业董事长与总经理为同一人时取值为 1，否则取值为 0
	独立董事	Ind	若独立董事人数/董事会人数大于 1/3，则取值 1，否则 0
	资产负债率	LOAR	总负债除以总资产
	公司规模	Size	企业的总资产取对数

3.4　实证分析

3.4.1　描述性统计

本书运用SPSS软件得到表3.2显示的样本各变量的基本特征。从表中可以看出：①家族涉入水平（FC）的均值和中位数差值不大，但高达89.90%的极大值显示出中国家族企业存在较高股权集中度的现实；②家族管理权（FM）均值为0.79，可见我国家族企业更倾向于将企业的管理权交到家族成员的手中；③两权分离度（Wedge）最大值是13.94，最小值是1，不存在两权分离情况，说明不同类型家族企业两权分离情况大不相同；④企业的透明度均值是0.49，最大值为0.97，可见家族企业在信息披露方面都存在不同程度的隐瞒；⑤从外部融资额的均值、极小值和极大值的差异可以看出，不同家族企业从外部获得的融资额度存在显著差异；⑥创新投入水平的均值为0.03，可见中国家族企业的研发投入强度显著较低；但0.7的极大值也代表有部分家族企业还是很愿意进行研发投资；而标准差为0.048，比其他变量的标准差小，这也使得回归方程解释变量的系数值较低；⑦企业价值（Tobin Q）的均值为2.25，最大值却高达33.94，可见家族企业的发展差异较大，但整体的绩效水平偏低；⑧控制变量的标准差大部分都小于1，数据波动小，稳定性高，回归分析时结果较为可信。

表3.2　　变量描述性统计结果

指标	均值	中位数	标准差	极小值	极大值
FC	39.4573	38.4200	15.6188	0.000	89.9900
FM	0.79	1.0000	0.409	0.000	1.000
EF	0.2419	0.1992	0.2245	0.0000	2.7512
$R\&D_t$	0.0338	0.0271	0.0485	0.0000	0.7185
$R\&D_{t+1}$	0.0356	0.0288	0.0502	0.0000	0.7634
Tobin Q	2.2551	1.7062	1.8327	0.0000	33.9473

续表

指标	均值	中位数	标准差	极小值	极大值
Transparency	0. 4970	0. 5000	0. 1697	0. 0556	0. 9722
Market	7. 8788	8. 5800	1. 5932	0. 0095	9. 6600
Beta	1. 0687	1. 0732	0. 2302	0. 000	1. 9215
BM	0. 7276	0. 5592	0. 6613	0. 000	6. 1275
ROA	0. 0693	0. 0680	0. 2674	-1. 9064	12. 3671
Wedge	2. 2545	1. 7058	1. 8324	0. 000	33. 9473
Duality	0. 3800	0. 0000	0. 4850	0. 0000	1. 0000
Ind	0. 5100	1. 0000	0. 5000	0. 0000	1. 0000
LOAR	0. 3982	0. 3955	0. 2021	0. 0071	1. 0547
Wedge	1. 3461	1. 0497	0. 7269	1. 0000	13. 9444
Size	21. 7584	21. 6652	0. 9871	18. 9508	25. 4970

3. 4. 2 模型分析与结果

本书运用 STATA 对联立方程组进行了 3SLS 回归分析，结果见表 3. 3。

表 3. 3　　联立方程组估计结果

	方程	三阶段方程	外部融资方程	创新投入方程	企业价值方程
因变量	外部融资	EF		-0. 1372 ***	
	创新投入	R&D			-8. 9081 ***
自变量	家族控制权	FC	-0. 0116	-0. 0233 ***	-0. 8858 ***
	家族管理权	FM	0. 0363 ***	0. 0174 ***	-0. 2351 **
	信息透明度	Transparency	-0. 0514 **	-0. 0004	-0. 6147 ***
控制变量	β 值	Beta	-0. 0191	0. 0308 ***	-0. 2117
	账面价值比	BM	-0. 0132 *	-0. 0093 ***	-1. 1154 ***
	资产收益率	ROA	-0. 3344 ***	-0. 0581 ***	
	两权分离度	Wedge	-0. 0001 *	-0. 0001 **	0. 0002 **
	领导权结构	Duality	0. 0168 **	0. 0044 **	-0. 0611
	独立董事	Ind	0. 0037	0. 0057 ***	0. 2855 ***
	资产负债率	LOAR	0. 5321 ***		
	公司规模	Size	0. 0194 ***	0. 0067 ***	-0. 2671 ***

注：***，**，*分别为在 1%，5%，10% 的水平下显著相关。

从结果可以看出，企业创新活动具有明显的阶段性特征，而各个阶段之间的联系也很紧密。在第二阶段和第三阶段的方程中，外部融资对企业投入、创新投入对企业价值的影响系数分别为 -0.1372、 -8.9081，两阶段系数差距明显，并有较高的显著性。可见企业的创新活动是一个渐近的过程，阶段性特性较强。

方程（1）家族企业的外部融资：从创新活动的外部融资角度看，在家族特性中，家族控制权与企业外部融资不相关，家族管理权与企业外部融资在1%的水平显著正相关，信息透明度与家族企业外部融资在1%的水平显著负相关。

方程（2）家族企业的创新投入：外部融资与企业创新投入在1%的水平显著负相关。当外部资金包括债务融资和股权融资涌入时，外部投资者由于对家族创业活动的不信任会对家族企业的创新投入产生制约。

方程（3）家族企业的企业价值：从创新活动对企业的绩效看，创新投入与企业价值在1%的水平显著负相关。

3.5 本章结论

家族企业的外部融资、创新投入与企业价值之间存在着负向的逻辑链条。家族企业的外部融资会对企业的创新投入产生负向作用，企业的创新投入会对企业价值产生负向作用。

外部融资的涌入会对企业的创新投入产生制约作用。其中，对于债权融资，债权人与企业签订借款合同时，会对信贷款项的落实、还款进行刚性约束，创新活动的风险性和不确定性，很难保证创新投资的回报与约定的还款期限一致，债权融资会制约企业的创新投资。而对于股权融资，当股权融资增加时，股权投资者更关注上市公司短期业绩，为了获得更多的股权融资，家族上市公司只能缩减创新投入。当企业所处地区市场化程度越高，企业与外部资本市场之间的契约环境越好，这样就能有效缓解外部投资者与家族企业创新投资之间的不信任；市场化程度也会使家族控制者增加对家族社会情感财富保有增益的评估，保证家族创新投资的顺利进行。

家族企业的创新投入会对企业价值产生制约作用。家族企业为了避免家族股权的稀释和家族社会情感财富受到损失，会更倾向于让家族成员担任重要职务，而不愿意吸纳有专业技术的非家族职业经理。但当家族成员控股或担任企业管理层职务时，由于利他主义等原因，会使其与非家族职业经理之间有较深的隔阂，这样就加剧了家族进行创新活动时的代理成本，降低创新活动对企业价值的作用。此外，企业高管团队中家族成员的存在，会降低非家族高管的自主决策权，不利于家族企业创新活动成果的转化。

第四章

家族涉入、信息透明度对企业创新资金来源的影响

融资难和融资成本高一直是困扰家族企业快速成长的关键问题。由于家族企业兼顾家族和企业的双重特性，致使家族特征对企业融资影响的问题更为突出。但区别于非家族企业，家族企业在进行战略决策时，家族成员不仅会考虑经济目标，还将家族社会资本保全、为家族谋取福利等非经济目标，即将家族社会情感财富的保护纳入考虑之中[182；183]。学者们从家族涉入的视角对家族控制如何影响企业的融资成本进行了大量的研究，但得出的结论却并不一致。有学者认为家族成员出于对企业长期利益和声誉的追求，更注重企业价值的增长[184]，会使家族与外部投资者利益一致，有利于降低代理成本，促进企业融资[30]；但也有学者认为除了经济目标，控制性家族对“建立永续家族帝国；保全家族社会资本”[111]等社会情感财富目标也会有所追求。为了避免控制权的稀释，控股股东与外部投资者的代理冲突会增加，这就会对企业融资产生阻碍作用[185]。本书认为造成结论不一致的原因可能是，在研究家族涉入与融资成本的关系时忽略了一个能缓解代理冲突的关键因素，这个因素就是企业的信息透明度[186]。企业信息透明度越高越会增强外部投资者的投资意愿、降低企业的外部融资成本[21]。但企业的信息披露也会有一定风险，这种风险与市场竞争、企业控制权等都有关[187]。

对于家族企业，家族控股股东信息拥有较充分且有决策权，为了追求家族社会情感财富目标更有可能隐瞒对其不利的信息[85]，这种信息的不透明很大程度上会影响企业的外部融资[26]。解决这个问题的关键在于企业将内部信息有效传递给外部投资者，投资者通过这些信息对企业做出更准确的判断，进而减少融资成本。而对于家族企业，家族控制者是否愿意进行

信息披露，信息透明度在家族涉入和外部融资之间的又起到怎样的中介作用正是本书的意义所在。

社会情感财富理论和信息不对称理论是以微观企业为基础的，但企业并不是独立存在的，企业的生存和发展必然受到外部环境的影响[188]，在企业基础上进一步研究企业的外部环境更有现实意义。我国的经济市场正处于转型时期，市场化进程在整体推进时，各地区发展程度的不平衡会使企业信息披露的意愿存在显著差异[27]。可见有必要进一步研究市场化程度对于家族涉入与信息透明度以及信息透明度与外部融资之间的调节作用。

4.1 研究假设

中国家族企业大都是通过金字塔结构控制企业，控股股东与外部中小股东之间的第二类代理冲突更严重，而这种冲突造成的根本原因是信息不对称，这种信息不对称会影响企业融资过程中的代理成本。对于家族企业，进行债权融资和股权融资都需要基于委托代理理论来理解外部融资带来的企业收益分配问题，但相较于债权融资，企业在进行股权融资时，除了要关注利益分配问题，还需关注家族控制权的再分配问题。而股权融资造成的家族控制权的再分配，会降低家族成员的家族使命感[52]，与家族企业保护 SEW 的目标相违背。这是因为，从短期看股权融资会导致非家族股东的增加，这同样也会减弱家族股东的在企业的话语权。家族非经济的社会情感财富目标的追求也会受到非家族股东增加的影响。为了保全家族的社会情感财富不会有损失，家族控股股东更有可能隐瞒对其家族不利的信息[189]，但这种信息的不透明很大程度上会增加企业的融资成本。解决这个问题的关键在于家族企业需要努力将 SEW 的损失降到最低的同时，企业将内部信息有效传递给外部投资者。投资者通过这些信息对企业做出更准确的判断，提高企业股票的流动性，进而减少股权融资成本。

社会情感财富理论（SEW）和信息不对称理论是以微观视角的企业为基础，但企业并不是独立存在，企业的生存和发展必然受到外部环境的影响[188]，在企业基础上进一步研究企业的外部环境更有现实意义。企业的外部环境包括政府环境和市场环境等，市场环境能反映要素和产品的发展水平。樊纲和王小鲁等[203]根据中国各省份不均衡的发展情况，长期构建了能反映企业外部市场环境的市场化进程指标，该指标代表了企业外部经济、社会、法制等方面的变革。故本书选择市场化程度这一指标来反映企业的外部环境。

4.1.1　家族涉入与外部融资

社会情感财富（SEW）是家族企业治理与战略决策的重要参考依据[183]。从企业的角度看，当企业需要外部融资（债务融资和股权融资）时，家族成员会首先考虑到保有家族的社会情感财富[85]。在面对融资困境，即家族需要在融资风险与是否损失家族 SEW 时，家族企业更倾向于选择不损伤家族 SEW[190]。企业在进行债务融资时，家族控制者的“壕沟效应”和对家族社会情感财富的保全会更倾向于披露有限或歪曲的信息来隐藏自己的“壕沟”动机[191]，这样就造成企业在银行的较差的信息基础，获得银行信贷的优势较小，家族企业只能倾向于选择监管机制较弱的举债方式，这就更增加了企业与债权人的信息不对称，从而增加企业的债务融资成本[184]。

而企业在进行股权融资时，家族 SEW 构成的一个重要维度就是家族对企业的控制，家族企业为了追求对企业的长久控制[192]，避免股权融资导致企业控制权的稀释[105]，企业家族控制者不愿意甚至抵触进行外部融资。从家族控制股东的角度，企业进行股权融资，控股股东持股比例降低的同时，家族追求 SEW 会成为家族成员的情感负担，会使其做出一些有损其他利益相关者的决定[192]。控股股东则更可能利用管理应计收益报告来掩盖其私有利益，这就加剧了其对中小股东侵占的道德风险。而对于外部投资者，外部投资者预见这种行为，将要求更高的溢价补偿，从而增加了企业的股权融资成本。

在我国特有的经济制度背景下，家族涉入可能会对企业的股权融资成本有正向作用，但由于家族涉入具有高异质性，已有家族涉入对股权融资成本影响的研究中，家族控制权与管理权涉入大都被认为不可分割而没有分类探讨，但家族控制权与管理权涉入在企业经营过程中的职责和对决策的影响彼此关联但又有很大差异，结合本书对家族涉入的定义，将家族涉入分为控制权和管理权分类研究。因此，本书提出假设：

H1：家族涉入与企业外部融资呈显著负相关关系

H1a：家族控制权与企业外部融资呈显著负相关关系

H1b：家族管理权与企业外部融资呈显著负相关关系

4.1.2 信息透明度对家族涉入与外部融资关系的中介作用

（一）家族涉入与信息透明度

从社会情感财富的视角看，家族决策者在进行战略决策时，企业的风险偏好并不只是简单的通过经济评估来比较风险和财务回报[193]，而是将社会情感财富作为首要的决策参照点[105]，而财务报告也是企业的重要战略决策之一。家族对社会情感财富的追求会决定信息披露的质量。当家族控制者更追求家族的控制和社会影响时，家族控制者会通过信息披露的机会，隐藏对企业价值有负面影响的信息，而这会影响非家族利益相关者的看法[194]。因此，家族控制者更可能通过限制企业的信息披露来隐藏自己的“壕沟”行为，这样就会导致家族信息披露质量的降低。

此外，家族对社会情感财富的保护会使家族控制者更注重将家族价值观长久维系于企业内部，建立永续家族帝国[17]，所以家族企业会通过长久的控制权和参与企业管理来保证其在企业中的绝对影响力。因此，家族对控制权的掌控意味着外部股东数量相对较少，其对企业信息披露政策的影响力较小，而家族控制者亲自参与企业管理或者积极对管理层进行监管时，家族控制者与管理层的信息不对称性降低，也就降低了家族企业对外信息披露的动力[191]。故本书提出假设：

H2：家族涉入与信息透明度呈显著负相关关系

H2a：家族控制权与信息透明度呈显著负相关关系

H2b：家族管理权与信息透明度呈显著负相关关系

（二）信息透明度的中介作用

企业信息披露对缓解企业的代理冲突的作用已经得到广泛的研究[195]。

相较于透明度高的企业，不透明度高的企业会导致外部投资者认为控股股东会容易侵占外部投资者的利益[158,196]，这些研究大多是基于信息传递理论，关注的是如何向外部市场传递企业信息，并影响企业的战略活动。但对于家族企业，更应该从家族特性视角来看待企业的信息披露情况。Anderson 等（2003）[30]认为家族控制权的涉入会影响家族所有者对信息披露的意愿。控股股东与外部投资者之间的信息不对称程度是家族防御的一个重要原因[123]，家族在追求家族控制和跨代传承等社会情感财富时，家族控制者更聚焦于家族成员的利益[192]，这就加大了家族成员的“壕沟”动机，信息透明度可能会制约家族企业的机会主义，但也更可能使家族出于利他主义对企业掏空的行为更容易被外部投资者发现，因此，信息透明度会在家族控制和外部融资之间起到中介效应。故本书提出假设：

H3：家族涉入会通过信息透明度的中介作用对企业外部融资产生影响

H3a：家族控制权会通过信息透明度的中介作用对企业外部融资产生影响

H3b：家族管理权会通过信息透明度的中介作用对企业外部融资产生影响

4.1.3　市场化程度的调节作用

发达资本市场的市场环境对企业资本成本的影响已被很多学者得到检验[197; 198]，但这些结论都是以发达资本市场的一致性假设为前提得出的。与发达国家不同，中国正处于经济转轨阶段，政府干预各地区经济政策和披露要求的不同造成了各区域市场发展程度不均衡，不同区域的市场化进程导致企业信息披露的意愿不尽相同，对企业股权融资成本的影响也不同。

（一）市场化程度对家族涉入与信息透明度关系的调节作用

家族涉入会降低企业信息披露的质量。一方面，当家族作为控股股东或实际参与企业管理时，很大程度上会降低企业的信息不对称，这样就削弱了企业对外信息披露的动机。另一方面，在“壕沟动机”的驱动下，家族企业的控股股东会通过操控信息披露政策来掩饰其行为，企业信息披露的可信度会降低，导致外部投资者对家族企业的不信任，这样就可能会引发企业股权融资成本的提高[199]。而大量研究表明，外部市场环境是影响企业治理的重要因素，外部市场环境会影响家族涉入对信息披露的意愿。当企业所处地区市场化程度强时，所在地区的政府干预少、法律制度更健全，家族企业的关系型资源较弱，市场和监管部门对企业的信息披露要求更强[200]；当企业所处地区的市场化程序较弱时，由于市场机制不健全，法律机制建设和执行的不完善，企业的所有者就越有可能利用层级较多的“金字塔”结构来实现家族所有权与控制权分离的最大化，从而使控股股东侵占外部中小股东的行为变得更加隐蔽。此外，外部市场化程度较低意味着外部监管力度较弱，违规成本较低，控股股东更可能为了谋取私利而影响企业的信息披露。因此，本书提出假设：

H4：市场化程度会正向调节家族涉入与信息透明度的关系

H4a：市场化程度会正向调节家族控制权与信息透明度的关系

H4b：市场化程度会正向调节家族管理权与信息透明度的关系

（二）市场化程度对信息透明度与外部融资关系的调节作用

当企业处于地区市场化程度较强时，企业通过信息披露可以消除逆向选择[201]，提高股票的流动性，降低企业的股权融资成本。此外，当企业外部市场化程度强时，企业的虚假陈述更有可能被监管部门发现，这对外部投资者是有利的。因此，当市场化程度较强时，企业更强烈地希望获得非关系资源[202]。在市场化程度较高的地区，外部制度环境会更加完善，对投资者保护水平也较高。控股股东的代理行为会受到严厉的监管，其违规的成本也相对较高，家族控制者侵占企业的动机得到有效的遏制，这就降低了控股股东隐瞒私有信息的可能性。为了吸引更多的外部投资者，家族企业更有动力通过信息披露向外部投资者发出积极信号。因此，当外部市场化程度较强时，高质量的信息披露能够有效缓解家族企业与外部投资者的信息不对称，从而降低企业的股权融资成本。因此，本书提出假设：

H5：市场化程度会正向调节信息透明度与外部融资的关系

本书的研究框架模型如图 4.1 所示：

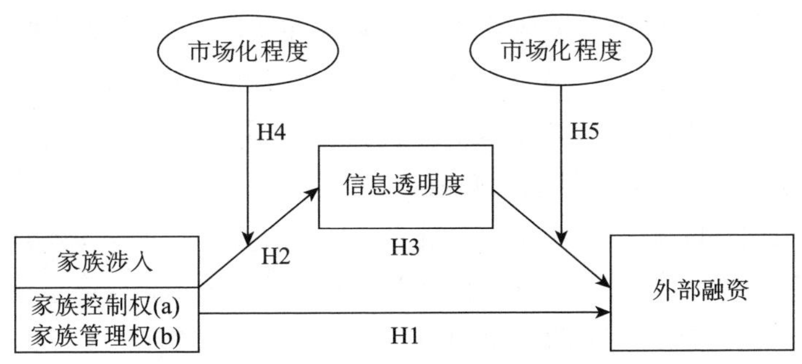

图 4.1　外部融资研究框架模型

4.2　研究设计

4.2.1　主要变量

本章以第三章变量中的外部融资（EF）作为因变量，家族涉入（FI）作为自变量，EF 和 FI 的测量已在 3.4.1 中进行了详细阐述。本章在此基础上加入了中介变量信息透明度（Transparency）和调节变量市场化程度（Market）。下文主要介绍中介变量和调节变量的定义。

中介变量：信息透明度（Transparency）。一直以来，学者们对企业信息透明度的衡量并不统一，但大多都是从外部机构对企业的预测作为标准，但外部预测并不能全面的反映企业的信息透明度，所以本书参考 Anderson 等（2003）[30]结合企业内外部信息构建的不透明度指标，建立了本书的信息透明度指标。

不透明度指标由四个独立指标构建，这四个指标包括预测分析师人数、预测每股收益偏差以及企业股票的买卖价差、交易量。这四个指标中，第一、第二个指标是外部机构对企业的预测，分别是预测分析师及预测偏差。本书用跟踪每个企业的预测分析师的对数来判断该企业被市场关注的程度[55]。Botosan 等（2004）[56]的研究中提出，股票分析预测的偏差可以作为企业作息可获得性的代替。本书以分析师预测每股收益减去企业实际每股收益再除以实际每股收益的平方作为预测每股收益的值。第三个指标买卖价差反映了企业与投资者之间的信息不对称，以相对买卖价差计算法得到将指标。由于企业股票买卖价数据量太庞大，本书选取了每个企业每个月非节假日第三个星期五当天的买卖价的数据来计算平均买卖价差[50]。第四个指标交易量则体现了企业信息的不确定性和不对称性[57]，本书中交易量的是以日均交易量取对数计算得到。不透明度是由这四个指标的十分位数相加除以40（合计存在的最大值）计算得到，以保证不透明指标在0.1到1.0范围内。本书取“1－不透明度指标”来表示企业信息透明度。

调节变量：市场化进程（Market）。对于市场化进程，本书选择采用樊纲等编写的《中国市场化指数——各地区市场化相对进程2016年报告》中“中国各地区市场化指数”作为市场化进程的替代变量[203]，该指标从政府与市场的关系、非国有经济的发展、产品市场的发育程度、要素市场的发育程度、市场中介组织发育和法律制度环境五个方面，对全国各省份的市场化进程进行长期的跟踪和评价。该指标在实证研究方面取得了广泛应用。

本章在第三章的控制变量中选择了会对应变量外部融资（EF）产生影响的变量作为本章的控制变量。主要包括账面价值（BM），β系数，资产收益率（ROA），两权分离度（Wedge），两职合一（CEO duality），独立董事（IND）和公司规模（Size）。

4.2.2 研究模型

（一）中介效应检验模型

本书借鉴Baron和Kenny（1986）[204]和温忠麟等（2004）[205]提出的中介效应的检验方法。

温忠麟等（2004）[205]对中介变量的检验方法做出比较分析后，提出了便于实践的检验办法：先考虑自变量（X）对因变量（Y）的影响，若自变量（X）通过变量（M）影响因变量（Y），则称变量（M）为中介变量。而变量之间的关系可以用以下的方程来表达变量之间的关系：

$$Y = cX + e_1 \quad (1)$$

$$M = aX + e_2 \quad (2)$$

$$Y = c'X + bM + e_3 \quad (3)$$

具体的检验操作为：步骤一，先检验方程（1）的回归系数c，如果该系数显著的话，则可以继续步骤二的检验，否则中介效应的检验结束。步骤二，进行 Baron 和 Kenny（1986）[204]部分中介效应的检验，即依次检验方程（2）的系数 a 和方程（3）的系数 b 的显著性，如果这两个系数均显著，则代表自变量（X）对因变量（Y）的影响至少有一部分是通过中介变量（M）来实现的，这样就可以继续步骤三的检验；若这两个变量至少有一个不显著，则需转到步骤四的检验。步骤三，进行 Judd 和 Kenny（1981）[206]完全中介的检验，若方程（3）的系数 c' 不显著，则说明是完全中介效应，即自变量（X）对因变量（Y）的影响是完全通过中介变量（M）来实现的。若系数 c' 显著，则说明是部分中介作用，即自变量（X）对应变量（Y）的影响只有一部分是通过中介变量（M）来实现的，检验结束。步骤四，进行 Sobel 检验，检验的统计量为：$z = \frac{\hat{a}\hat{b}}{\sqrt{\hat{a}^2 S_b^2 + \hat{b}^2 S_a^2}}$，其中 S_a，S_b 分别是 $\hat{a}$，$\hat{b}$ 的标准误。如果检验统计量显著，则说明变量（M）的中介作用显著，否则中介作用不显著，结束检验。

以上中介检验的操作过程如图 4.2 所示。

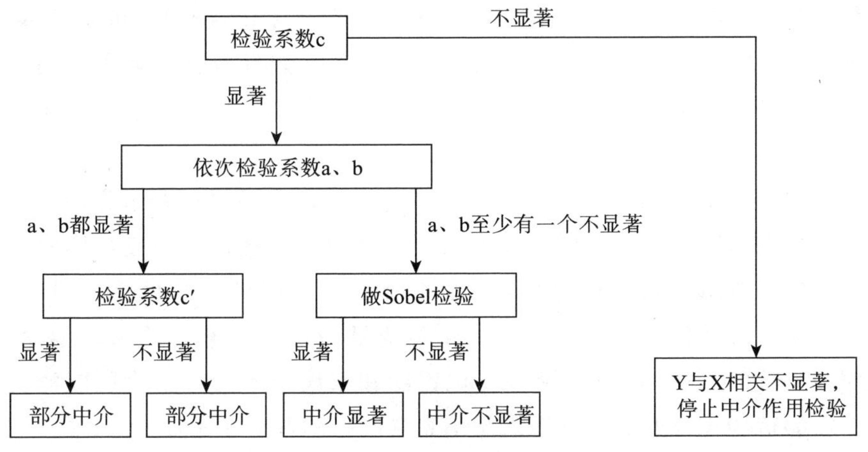

图 4.2　中介作用检验程序

基于此检验程序，本书构建以下递归模型来检验家族涉入是否通过信息透明度的中介作用来影响企业的外部融资。

$$EF = \alpha + \beta_1 FI + \beta_2 Controlvariables + \beta_2 Yeardummy + \beta_3 Industrydummy + \varepsilon \quad (1)$$

$$Transparency = \alpha + \beta_1 FI + \beta_2 Controlvariables + \beta_3 Yeardummy + \beta_4 Industrydummy + \varepsilon \quad (2)$$

$$EF = \alpha \beta_1 FI + \beta_2 Transparency + \beta_3 Controlvariables + \beta_4 Yeardummy + \beta_5 Industrydummy + \varepsilon \quad (3)$$

第一步对模型（1）进行回归，检验家族涉入与外部投资的回归系数是否显著为正，如果系数 β_1 显著，意味着家族涉入对外部投资有影响，如果不显著则停止检验；第二步对模型（2）进行回归，检验中介变量信息透明度与家族涉入是否显著，如果模型（2）中的系数 β_1 显著，说明家族涉入会影响企业的信息透明度；第三步对模型（3）进行回归，如果模型（3）中的 β_1 和 β_2 两个系数都显著，则说明部分中介效应。如果家族涉入的回归系数 β_1 不显著，但信息透明度的回归系数 β_2 显著，说明信息透明度起到了完全中介的作用。

（二）调节效应模型

在检验市场化程度对“家族涉入——信息透明度——外部融资”中介过程的调节作用时，本书采用 James 和 Brett（1984）[207] 和温忠麟等（2004）[205] 提出的方法。为了避免自变量、调节变量与交互项之间的多重共线性问题，本书在进行回归分析之前，对自变量、调节变量与交互项都进行了均值中心化处理。

1. 市场化程度对“家族涉入——信息透明度”关系的调节作用

以信息透明度为因变量，采用调节性回归分析法，利用逐步回归进行分析，针对本章的具体检验步骤为：步骤一，按照模型（4）引入控制变量；步骤二，按照模型（5）引入控制变量和自变量家族涉入；步骤三，按照模型（6）加入调节变量市场化程度和家族涉入与市场化程度的交互项，检验市场化程度对家族涉入与信息透明度的调节作用。

回归模型如下：

$$Transparenc = \alpha + \beta_1 Controlvariables + \beta_2 Yeardummy + \beta_3 Industrydummy + \varepsilon \quad (4)$$

$$Transparency = \alpha + \beta_1 FI + \beta_2 Market + \beta_3 FI * Market + \beta_4 Controlvariables + \beta_5 Yeardummy + \beta_6 Industrydummy + \varepsilon \quad (5)$$

$$Transparency = \alpha + \beta_1 FI + \beta_2 Market + \beta_3 (FI * Market) + \beta_4 Controlvariables + \beta_5 Yeardummy + \beta_6 Industrydummy + \varepsilon \quad (6)$$

2. 市场化程度对“信息透明度——外部融资”关系的调节作用

以外部融资作为因变量，采用调节性回归分析法，利用逐步回归进行分析，针对本章的具体检验步骤为：步骤一，按照模型（7）引入控制变量；步骤二，按照模型（8）引入控制变量和自变量信息透明度；步骤三，按照模型（9）加入调节变量市场化程度和信息透明度与市场化程度的交互项，检验市场化程度对信息透明度与外部融资的调节作用。

基本的回归模型如下：

$$EF = \alpha + \beta_1 Controlvariables + \beta_2 Yeardummy + \beta_3 Industrydummy + \varepsilon \quad (7)$$

$$EF = \alpha + \beta_1 Transparency + \beta_2 Market + \beta_3 Transparency * Market + \beta_4 Controlvariables + \beta_5 Yeardummy + \beta_6 Industrydummy + \varepsilon \quad (8)$$

$$EF = \alpha + \beta_1 Transparency + \beta_2 Market + \beta_3 (Transparency * Market) + \beta_4 FC + \beta_5 FM + \beta_6 Controlvariables + \beta_7 Yeardummy + \beta_8 Industrydummy + \varepsilon \quad (9)$$

4.3 数据分析

4.3.1 相关性分析

表 4.1 是在进行回归分析前，运用 STATA 对各变量进行的相关性分析。从表 4.1 可以看出，(1) 外部融资（EF）与信息透明度（Transparency）之间相关系数为 -0.199，两者在 1% 的水平显著负相关，(2) 外部融资（EF）与家族控制权（FC）、家族管理权（FM）负相关，但相关性并不显著，这可能是两者之间的关系还受到其他控制变量的影响，因此，还需要加入控制变量进一步做回归分析。(3) 外部融资（EF）与市场化程度（Market）的相关系数为 0.087，在 1% 的水平显著正相关，可见市场化程度会对企业的外部融资有影响。本书还对所有变量都进行膨胀因子检验，在进行多元回归检验时，对涉及的交互项均进行了均值中心化处理再运用 STATA 进行多元回归分析，处理后的变量不存在多重共线性。

表 4.1 相关性分析结果

	EF	FC	FM	Transparency	Market	Beta	BM	ROA	Wedge	Duality	Ind	Size
EF	1											
FC	-0.0280	1										
FM	-0.0100	0.177***	1									
Transparency	-0.199***	0.188***	0.142***	1								
Market	0.087***	0.095***	0.108***	0.065***	1							
Beta	-0.0300	-0.042**	0.038***	-0.228***	0.0180	1						
BM	0.262***	0.0160	-0.108***	-0.196***	-0.00600	0.0210	1					
ROA	-0.075***	0.053***	0.043**	-0.00400	0.0180	0.0190	-0.0280	1				
Wedge	-0.146***	-0.108***	-0.072***	0.038**	-0.064***	-0.051***	-0.398***	0.053*	1			
Duality	-0.00800	0.0170	0.075***	0.076***	0.078***	0.047**	-0.110***	-0.00300	0.0270	1		
Ind	0.0150	0.034*	0.043**	0.00800	-0.086***	-0.044**	-0.058***	0.0210	0.080***	0.121***	1	
Size	0.323***	0.084***	-0.061***	-0.373***	0.0180	-0.111***	0.494***	0.061***	-0.275***	-0.170***	-0.0280	1

注：***，**，* 分别为在 1%，5%，10% 的水平下显著相关。

4.3.2 中介作用检验

表 4.2 是家族涉入通过信息透明度中介效应而影响企业外部融资的检验结果。其中模型（1）至模型（3）是检验家族控制权通过信息透明度中介效应而影响企业外部融资的检验结果；模型（4）至模型（6）是检验家族管理权通过信息透明度中介效应而影响企业外部融资的检验结果。

从模型（1）至模型（3）的结果可以看出，模型（1）中先对家族控制权对企业外部融资的影响进行了检验，回归结果中 FC 的系数为 -0.0772，在 1% 的水平显著为负，假设 1a 得到验证。说明家族控制权会负向影响企业的外部融资额，可见家族的社会情感财富损益被视为家族所有者决策的首要参照点[183]，出于对家族社会情感财富的保全和交易成本的考虑，家族控制者会对外部融资产生负向影响。模型（2）中，家族控制权与信息透明度在 1% 的水平显著正相关，表明家族所有者更愿意进行信息披露，假设 2a 得到验证。模型（3）中，在模型（1）中加入了信息透明度变量后，家族控制权与外部融资的回归系数为 -0.0435（t = -0.28），系数不显著；但信息透明度与外部融资相关系数为 -0.1309，在 1% 水平显著负相关，说明信息透明度在家族控制权与外部融资的过程中起到了完全中介的作用，假设 3a 得到验证。

从模型（4）至模型（6）的结果可以看出，模型（4）中首先对家族管理权对企业外部融资的影响进行了检验，回归结果中家族管理权（FM）的系数为 -0.0292，在 1% 的水平显著为正，假设 1b 得到验证。说明家族管理权会负向影响企业的外部融资额，可见家族成员在参与企业管理时，同样会将家族的社会情感财富损益作为战略决策的考虑因素，为了保全家族的社会情感财富，家族管理者会对外部融资产生负向影响。模型（5）中，家族管理权与信息透明度在 1% 的水平显著正相关，表明家族所有者更愿意进行信息披露，假设 2b 得到验证。模型（6）中，在模型（4）中加入了信息透明度变量后，家族管理权与外部融资的回归系数为 -0.0325，在 1% 水平显著负相关；信息透明度与外部融资相关系数为 -0.0758，在 1% 水平显著负相关，说明信息透明度在家族管理权与外部融资的过程中起到了部分中介的作用，假设 3b 得到验证。

表 4.2　信息透明度对家族涉入与外部融资关系的中介作用

被解释变量	(1) 因变量	(2) 中介变量	(3) 因变量	(4) 因变量	(5) 中介变量	(6) 因变量
	EF	Transparency	EF	EF	Transparency	EF
控制变量						
Beta	-0.0016	-0.2021***	-0.0280	-0.0076	-0.2105***	-0.0232
BM	0.0487***	0.0018	0.0713***	-0.0212***	0.0112**	-0.0204***
ROA	-0.0675***	0.0068	-0.0578***	-0.0752***	0.0086	-0.0745***
Wedge	-0.0011	-0.0062***	-0.0018	-0.0047**	-0.0065***	-0.0052**
Duality	0.0199**	0.0039	0.0141**	0.0173**	0.0047	0.0177**
Ind	0.0145*	0.0021***	0.037*	0.6038***	-0.1027***	0.5961***
Size	0.0629***	-0.0741***	0.0532***	0.0162***	-0.0627***	0.0114**
Year dummy	Yes	Yes	Yes	Yes	Yes	Yes
Industry dummy	Yes	Yes	Yes	Yes	Yes	Yes
家族涉入						
FC	-0.0772***	0.0021***	-0.0435			
FM				-0.0292***	0.0436***	-0.0325***
中介变量						
Transparency			-0.1309***			-0.0758***
Adjusted R^2	0.102	0.2674	0.152	0.296	0.245	0.298
F-Value	47.31	103.49	45.52	134.32	103.5	122.28
N	2846	2846	2846	2846	2846	2846

注：***，**，*分别为在1%，5%，10%的水平下显著相关。

4.3.3 调节效应检验

（一）市场化程度对家族涉入与信息透明度的调节作用

为了检验假设H4，本书以信息透明度（Transparency）为因变量，以家族控制权（FC）、家族管理权（FM）为自变量，市场化程度（Market）为调节变量进行回归。

调节效应的回归结果见表4.3。检验步骤：首先控制了企业的特征变量，如模型（1）所示；其次加入了自变量家族控制权［模型（2）］、家族管理权［模型（4）］，接着分别在模型（2）的基础上加入了调节变量市场化程度（Market），及家族控制权与市场化程度的交互项（FC * Market），回归结果如模型（3）所示，在模型（4）的基础上加入的调节变量市场化程度（Market），及家族管理权与市场化程度的交互项（FM * Market），回归结果如模型（5）所示。

表 4.3 市场化程度对家族涉入与信息透明度关系的调节效应

被解释变量	模型（1）	模型（2）	模型（3）	模型（4）	模型（5）
控制变量					
Beta	-0.2085***	-0.0016	-0.2034***	-0.0076	-0.2105***
BM	-0.0037	0.0487***	0.0007	-0.0212***	0.0112**
ROA	0.0114	-0.0675***	0.0055	-0.0752***	0.0086
Wedge	-0.0079***	-0.0011	-0.0063***	-0.0047**	-0.0065***
Duality	0.0063	0.0199**	0.0033	0.0173**	0.0047
Ind	-0.0041	0.0145*	-0.0051	0.6038***	-0.1027***
Size	-0.0697***	0.0629***	-0.0744***	0.0162***	-0.0627***
Year dummy		Yes	Yes	Yes	Yes
Industry dummy		Yes	Yes	Yes	Yes
家族涉入					
FC		-0.0772***	0.2130***		
FM				-0.0292***	0.0434***
调节变量					
Market			0.0052***		0.0053***
交互项					
FC * Market			0.0018*		
FM * Market					0.0076**
Adjusted R^2	0.227	0.102	0.267	0.296	0.243
F - Value	104.03	47.31	93.81	134.32	82.62
N	2846	2846	2846	2846	2846

注：***，**，*分别为在1%，5%，10%的水平下显著相关。

从表 4.3 中可以看出，家族控制权与市场化程度的交互项（FC * Market）系数在 10% 的水平显著正相关，家族管理权与市场化程度的交互项（FM * Market）在 5% 的水平显著正相关，因此假设 H4a 和 H4b 得到了支持，说明市场化程度正向调节家族涉入与企业信息透明度的关系。结果表明，相较于位于市场化程度低的地区的企业，企业所处地区的市场化程度较高时，家族涉入会使企业更愿意进行信息披露。

（二）市场化程度对信息透明度与外部融资的调节作用

因变量为外部融资（EF）的调节效应结果见表 4.4。

表 4.4　市场化程度对信息透明度与外部融资关系的调节效应

被解释变量	模型（1）	模型（2）	模型（3）
控制变量			
Beta	-0.0072	-0.0365**	-0.0387**
BM	0.0434***	0.0438***	0.0442***
ROA	-0.4343***	-0.0715***	-0.0727***
Wedge	-0.027	-0.0037	-0.0036
Duality	0.0225***	0.0229***	0.0197**
Ind	0.0122	0.0117	0.0162**
Size	0.0598***	0.0518***	0.0508***
Year dummy	Yes	Yes	Yes
Industry dummy	Yes	Yes	Yes
家族涉入			
FC		-0.0563**	-0.0639**
FM		-0.0195*	-030146
信息透明度			
Transparency		-0.1294***	-0.1377***
调节变量			
Market			0.0125***
交互项			
Transparency * Market			-0.0277**
Adjusted R^2	0.128	0.138	0.148
F - Value	52.22	41.49	37.81
N	2846	2846	2846

注：***，**，*分别为在 1%，5%，10% 的水平下显著相关。

检验步骤与因变量为信息透明度一样，交互效应的回归结果见表 4.4 中的模型（1）、模型（2）、模型（3）所示。从表 4.4 中可以看出，信息透明度与市场化程度的交互项（Transparency * Market）在 5% 的水平显著负相关，因此假设 H5 得到支持。说明市场化程度可以有效缓解信息透明度对外部融资的负向作用。结果表明，信息透明度可能会制约家族企业的机会主义，但也更可能使家族出于利他主义对企业掏空的行为更容易被外部投资者发现，而当企业处于地区的市场化程度更高时，外部环境机制的完善，会使家族控股股东的违规成本更高，从制度环境上真正有效的约束家族对企业的掏空行为。

4.3.4　内生性检验

本书研究信息透明度与家族企业的外部融资的关系，必然要考虑信息透明度的内生性问题。

表 4.5　　处理组与控制组平衡性假设检验

变量	样本	均值		标准误（%）	标准误绝对值减少（%）	t 检验	
		处理组	控制组			t 值	p 值
FC	未匹配	41.87	36.83	32.6	70.5	8.69	0.000
	匹配	41.71	40.22	9.6		0.04	0.965
FM	未匹配	0.048	0.044	8.3	-6.1	2.20	0.03
	匹配	0.048	0.052	-8.8		-2.32	0.20
Market	未匹配	7.953	7.788	10.3	94.2	2.76	0.006
	匹配	7.943	7.943	0.6		0.17	0.864
BETA	未匹配	1.023	1.119	-42.1	79.0	-11.24	0.000
	匹配	1.026	1.006	8.8		2.36	0.018
BM	未匹配	0.622	0.850	-34.6	95.4	-9.28	0.000
	匹配	0.625	0.614	1.6		0.55	0.585
ROA	未匹配	0.069	0.069	0.2	22.0	2.61	0.009
	匹配	0.069	0.069	0.1		0.07	0.941
Wedge	未匹配	2.315	2.169	8.0	18.6	2.13	0.034
	匹配	2.309	2.428	-6.5		-1.72	0.086

续表

变量	样本	均值		标准误（%）	标准误绝对值减少（%）	t 检验	
		处理组	控制组			t 值	p 值
Duality	未匹配	0.417	0.331	17.9	71.1	4.78	0.000
	匹配	0.415	0.441	-5.2		-1.37	0.170
Ind	未匹配	0.515	0.503	2.3	65.5	1.62	0.053
	匹配	0.513	0.509	0.8		0.22	0.826
Size	未匹配	21.77	21.74	2.9	46.3	0.78	0.435
	匹配	21.75	21.77	-1.6		-0.43	0.671

信息透明度内生性问题会导致信息透明度对家族企业的回归是有偏的，故本书根据信息透明度指标的中位数来将样本分组，信息透明度高的子样本视为企业愿意信息披露（处理组），信息透明度低的子样本视为企业不愿意信息披露（控制组），采用倾向得分匹配法（Propensity Score Matching，简称 PSM）来估计信息透明度对家族企业股权融资成本的“处理效应”。

首先，先进行平衡性检验，检验结果见表 4.5。匹配后所有协变量的标准化偏差小于 10%，变量的标准误差绝对值都有所减少，所有 t 检验的 p 值都大于 10%，可见协变量都通过了平衡性检验。

而表 4.6 中的模型（1）至模型（8）分别得出了信息透明度对家族企业外部融资采用一对一匹配、邻近匹配、卡尺匹配、半径匹配、核匹配、局部线性回归匹配、样条匹配以及马氏匹配后的估计结果。其中，ATE 代表全样本的匹配结果，ATU 代表只考虑不愿意信息披露的企业的匹配结果，ATT 则代表仅考虑愿意信息披露企业的匹配结果。由表 4.6 可看出，所有匹配结果显著为负，且都有 1% 水平显著。倾向得分匹配估计结果与基准模型很接近，进一步验证了本书的结论。

4.3.5 稳健性检验

为进一步提高结论的可靠性，本书进行了稳健性检验。

在检验中介效应时，重新界定家族控制权。学者们对家族企业定义时，对家族控制权的比例有不同的标准，西方学者一般以控制权 10%、

表 4.6　信息透明度对企业股权融资成本的倾向得分匹配回归估计结果

因变量类型	模型（1）	模型（2）	模型（3）	模型（4）	模型（5）	模型（6）	模型（7）	模型（8）
估计方法	一对一匹配	邻近匹配	卡尺匹配	半径匹配	核匹配	局部线性回归匹配	样条匹配	马氏匹配
未匹配	-0.0071*** (0.003)	-0.0071*** (0.003)	-0.0071*** (0.003)	-0.0071*** (0.003)	-0.0071*** (0.003)	-0.0071*** (0.003)	-0.0071*** (0.003)	-0.0071*** (0.003)
ATT	-0.0073*** (0.051)	-0.0068*** (0.024)	-0.0070*** (0.022)	-0.0066*** (0.012)	-0.0063*** (0.014)	-0.061*** (0.017)	-0.0059*** (0.019)	-0.0076*** (0.004)
ATU	-0.0121*** (0.002)	-0.0106*** (0.003)	-0.0111*** (0.002)	-0.0109*** (0.001)	-0.0104*** (0.001)	-0.0106*** (0.001)	-0.0108*** (0.000)	-0.0070*** (0.026)
ATE	-0.0096*** (0.001)	-0.0086*** (0.002)	-0.0089*** (0.002)	-0.0086*** (0.001)	-0.0082*** (0.001)	-0.0082*** (0.001)	-0.0083*** (0.001)	-0.0073*** (0.004)
观测值	2846	2846	2846	2846	2846	2846	2846	2846

注：***，**，*分别为在1%，5%，10%的水平下显著相关。

20%作为家族企业定义的临界值。考虑到我国上市公司股权集中的现状，本书进一步对10%和20%的样本进行了回归分析，结果得出显著程度会略有不同，但符号方向并没有发生变化，本书的研究结论得到了有效的支持。

4.4　本章结论

本书以社会情感财富理论为基础，从创新资金来源的视角，研究家族企业的家族涉入与外部融资之间的关系，重点分析了信息透明度的中介作用和市场化程度的调节效应。基于以上的实证分析，本章的大部分研究假设得到了验证，具体的验证结果见表 4.7。

表 4.7　　研究假设验证情况汇总表

	研究假设	是否验证
假设 1	家族涉入与企业外部融资呈显著负相关关系	全部验证
假设 1a	家族控制权与企业外部融资呈显著负相关关系	是
假设 1b	家族管理权与企业外部融资呈显著负相关关系	是
假设 2	家族涉入与信息透明度呈显著负相关关系	全部验证
假设 2a	家族控制权与信息透明度呈显著负相关关系	是
假设 2b	家族管理权与信息透明度呈显著负相关关系	是
假设 3	家族涉入会通过信息透明度的中介作用对企业外部融资产生影响	全部验证
假设 3a	家族控制权通过信息透明度的中介作用对企业外部融资产生影响	是
假设 3b	家族管理权通过信息透明度的中介作用对企业外部融资产生影响	是
假设 4	市场化程度会正向调节家族涉入与信息透明度的关系	全部验证
假设 4a	市场化程度会正向调节家族控制权与信息透明度的关系	是
假设 4b	市场化程度会正向调节家族管理权与信息透明度的关系	是
假设 5	市场化程度会正向调节信息透明度与外部融资的关系	是

由此可见，本书的主要结论是：第一，家族控制权对外部融资具有显著的负向作用，信息透明度在家族控制权与外部融资之间具有完全中介作用；家族管理权对外部融资同样具有显著的负向作用，信息透明度在家族管理权与外部融资之间具有部分中介作用。可见企业在获得外部融资的过程中，家族成员无论是作为控股股东或是实际参与管理时，对企业掏空的行为会通过信息透明度传递给外部投资者。当企业进行债务融资时，债权人通常要求债务合同中要包含企业财务信息的条款[208]，若家族控制者存在企业掏空行为，其可能会在财务信息中挑选性的披露对自己有益的信息或者提供虚假信息，债权人也会对披露信息的可信度有一个判断；当投资者决定投资于一个企业时，会利用各种信息渠道对企业的价值进行一个判断，企业希望能通过信息披露向外部投资者传递一种善意的信息，但同时，家族控制者出于利他主义等对家族私有利益保护的行为也就更容易被投资者从“蛛丝马迹”中挖掘出来。因此，对于家族企业，不仅通过简单的信息披露向外部投资者释放善意信号来解决企业的外部融资问题，更应该从企业的内部治理入手，主动正视追求家族社会情感财富可能存在的“阴暗面”。不能只局限的关注家族成员的利益，还应该同时关注包含家族

成员及其他利益相关者利益的泛化的社会情感财富（extended SEW）。

第二，市场化程度可以正向调节家族涉入与信息披露的关系，正向调节信息披露与外部融资的关系。表现为，相较于处于市场化程度较低区域的企业，当企业所处地区的市场化程度较高时，家族涉入与信息透明度、信息透明度与外部融资的负向关系减弱，假设 H4 和 H5 都得到支持。说明当企业所处地区市场化程度越高，企业与外部资本市场之间的契约环境越好，这样就能有效缓解外部投资者与家族企业创新投资之间的不信任；市场化程度也会使家族控制者增加对家族社会情感财富保有增益的评估，保证外部资金的顺利融资。综上所述，市场化程度会正向调节“家族涉入——信息透明度——外部融资”的中介作用。

第五章

家族涉入、信息透明度对企业创新活动决策的影响

创新对于企业的重要作用毋庸置疑，《中华人民共和国国民经济和社会发展第十三个五年规划纲要》中再次强调了科技创新的引领作用，而研发投入是企业科技创新的重要前提。面对当前的金融危机和国际竞争，企业更加意识到拥有核心竞争力的重要性，企业创新投入是取得核心技术的关键。但从2016年中欧—上海信托正式发布的《中国上市家族企业创新报告》发现，中国家族企业的研发投入低于非家族企业。

对于家族企业，家族的涉入会使企业形成独有的非经济的社会情感财富（SEW）目标，SEW在家族企业的决策中扮演着重要角色[85]，会使企业的创新活动表现出特有的行为[17]。近年来，已经有不少学者研究了家族企业在权衡潜在损失和收益的过程中是否愿意进行创新投入。这些研究主要是从家族涉入的角度研究其对企业创新投入的影响，但却少有对创新投入的具体风险进行深入分析。

相较于企业的其他投资活动，创新活动具有较高的信息风险和经济风险。信息风险来源于研发项目中的信息不对称和信息不完全，信息风险会使外部投资者并不能很好的判断创新投入是否是一个好的信号[23]，所以他们更愿意将创新投资归类为会损害当期利益的“过度投资”，从而会为这种高风险索要更高的风险溢价[24]；而创新成果转化的不确定性和滞后性造成的经济风险，会更加剧企业控股股东与外部投资者之间的利益不一致，近而产生代理冲突。这种冲突造成的根本原因是信息不对称，由此引发的逆向选择和道德风险会引发资本市场的阶段性失灵[25]。

家族控股股东信息拥有较充分且有决策权，为了追求家族社会情感财

富目标更有可能隐瞒对其不利的信息[85]，这种信息的不透明很大程度上会影响企业的创新投资[26]。而对于家族企业，家族控制者是否愿意进行信息披露，信息透明度在家族涉入和创新投入之间又起到怎样的中介作用正是本书的意义所在。此外，有关家族企业创新的研究成果，更多的是聚集微观层面家族涉入对企业创新投入的影响[209]。但我国的经济市场正处于转型时期，市场化进程在整体推进时，各地区发展程度的不平衡会使企业在创新活动方向的投资都存在显著差异[27]。可见有必要进一步研究市场化程度对“家族涉入——信息透明度——创新投入”中介过程的调节作用。

故本书在已有文献的基础上，以社会情感财富理论为基础，实证分析了家族涉入对创新投入的影响并深入探究了信息透明度在两者之间的中介作用，以及市场化程度对中介过程的调节效应。

5.1　研究假设

重视家族的非经济财富是家族企业区别于非家族企业的一个关键特征。Gómez - Mejía 等（2007）[85]首次提出了社会情感财富这一理论，并指出社会情感财富是影响家族企业战略决策的一个重要参照，对家族社会情感财富的损益的威胁会影响对企业创新投资的态度。社会情感财富属于非经济收益范畴，是一个宽泛的概念，其主要包括 5 个维度——家族控制与影响、家族成员对企业的认同、紧密的社会连带、情感依恋和跨代延续家族价值观。不同学者对社会情感财富在结构上赋予不同维度的特性，但有两个功能得到了学者的统一认可，即家族对企业长久的控制和管理。家族企业更希望通过长久控制和管理企业，来实现家族价值观、社会地位等情感归属的需求[111]。研究显示，创新投入会对企业的社会情感财富产生即期风险[210]，反过来家族企业对社会情感财富目标的追求必然会影响企业创新活动的风险感知。家族涉入对企业的创新投入到底会产生积极或消极的影响，学者们也没有得出统一的结论，一部分认为，家族损失厌恶的特征会使家族企业对创新投资决策的意愿不高[15;16]，也有学者认为，家族企业为了社会情感财富和长远发展的考虑，会更愿意进行研发投入[17;18]。

区别于企业的生产、销售等活动，企业创新投资的风险主要是信息、资金等方面的风险。其中信息风险主要源于企业创新活动中外部股东与控股股东之间的信息不对称[19]。我国家族企业受“家文化”长期影响，控股股东与外部股东不一致的利益导致的信息不对你问题更为突出。这种信息不对称会影响企业的融资约束[20]和企业的风险决策[22]，而风险决策中最重要的是企业的研发投资活动[183][15]][16][17]。控制股东信息拥有较充分且有决策权，为了自身利益最大化更有可能扭曲企业的创新决策。

企业信息透明度则可以有效帮助外部投资者客观评价企业的价值，有效约束控股股东对公司的掏空行为，降低控股股东与外部投资者的信息不对称[211]，从而激励控制股东做出合理的决策行为，促使企业创新活动顺利进行。

5.1.1 家族涉入与企业创新投入

家族涉入具有高异质性，家族控制权与管理权涉入大都被认为不可分割而没有分类探讨，但家族控制权与管理权涉入在企业经营过程中的职责和对决策的影响彼此关联但又有很大差异，家族控制权关注的是家族控股股东的职责，而家族管理权则关注了家族成员在实际参与企业管理时，对企业战略决策的影响，两者会对企业的创新投入产生不同影响。

社会情感财富（SEW）是家族企业治理与战略决策的重要参考依据[183]。家族涉入会使家族与企业的财富出现很大程度的融合，家族成员在战略决策时会权衡家族的社会情感财富的损益[111]。

由于我国家族企业发展较晚，大部分的家族企业都是由企业的创始人控制。而这些由创始人控制的家族企业在我国经济变革的背景下，会拥有更强的冒险和创业精神。为了企业的长远发展，家族企业更愿意为创新项目承担风险。可见，从风险承担角度，家族控制权会对企业的创新投入产生积极影响。同样，家族掌握更多的控制权会使家族形成特有的组织文化——家族纽带、忠诚、利他等联系形成的企业的稳定性[2]。可见，从企业长久发展角度，家族控制权同样会促进企业的创新投入。故本书提出假设：

H1a：家族控制权会对企业的创新投入产生积极影响

家族命运与企业连为一体，当家族成员更注重追求社会情感财富目标中的家族控制和跨代延续目标时，家族成员为了避免决策失误损失家族社会情感财富，会更倾向于保守的投资策略[3;142;212]，而创新投入风险性高且存在较大失败的可能性，这与家族的风险规避偏好相背驰。因而，在创新投资方面，家族企业常常会表现出短视行为[17]，不愿意在周期长且风险高的创新项目有过多的投入。

此外，家族为了避免控制权的稀释和减少，往往对外部投资者具有较低的开放度[213]，这就会对企业的创新投入的产生消极后果。害怕失去控制的家族企业会尽量避免向外部获得资金，这种谨慎的态度会阻碍企业寻求新的创新机会。而家族控股股东对待家族成员利他主义，会使其更有动机从企业掠夺财富[214]，家族企业的内部冲突、家族特殊津贴和消费以及保持家族社会情感财富的诉求都会导致家族企业较低的创新投入，由此产生的代理成本被证实是造成企业投资无效率，引发投资不足的重要原因。故本书提出假设：

H1b：家族控制权会对企业的创新投入产生消极影响

家族成员实际参与企业管理运作，会影响企业的战略决策目标，这就为企业创新投入提供一些优势。具体表现为：首先，家族成员参与企业管理会使家族控制权与管理权的部分权利重合，从而使家族与企业的利益一致，降低企业的创新投入的第一类代理冲突；其次，家族成员担任企业高管时，其对家族社会情感财富的保护会使其能获得更多家族其他成员对企业进行创新投入战略决策的支持[111]。此外，相较于非家族企业，家族管理者的任期更长，从而在进行企业战略决策时会更多的从企业的长远发展角度进行衡量，更准确的分配企业资源，保证企业创新投入资金流的持续性[31]。由于我国的信用基础较差，在面对创新这种高风险项目时，家族成员作为管理层得到各方面的信任感会对企业的创新活动表现出更强的促进作用。故本书提出假设：

H2a：家族管理权会对企业的创新投入产生积极影响

为了保护家族社会情感财富，家族企业倾向于雇佣家族成员担任企业高管[142]，这就很可能制约家族企业创新投资所需的专业管理能力。为了避免创新投资的风险，家族企业有很大的可能降低企业的创新投资水平。此外，家族参与企业管理能有效缓解控股股东与管理层的第一类代理冲突，但家族控制权与管理权的重合，会使家族成员更有动机为了家族利益而“掏空”企业资源，这就更可能加剧了家族与外部投资者之间的第二类代理冲突[215]。外部股东无法完全了解管理层与控股股东的行为并有效监督时，创新投入的经济风险会激化企业契约双方之间的利益冲突，使得家族成员为了家族私利而扭曲研发决策和资金投入[216]。因此，本书提出假设：

H2b：家族管理权与企业创新投入呈显著负相关关系

5.1.2 信息透明度对家族涉入与创新投入关系的中介作用

企业的创新投入与销售、生产、固定资产投资等其他企业活动相比，具有较高的信息风险和资金风险。信息风险来源于研发项目中的信息不对称和信息不完全，资金风险表现为研发资金的供应不足或不能持续都会增加研发失败的概率。对于外部投资者，并不能很好的判断创新投入是否是一个好的信号[23]，所以他们更愿意将创新投资归类为会损害当期利益的“过度投资”。现有外部投资者更关注企业的当期利益，并不希望有过多的资金投入到损害当期利益的创新活动中[171]；而对于正在观望的外部投资者，过多的高风险的创新投入可能会影响投资者的投资兴趣。

对于家族企业，控股股东与外部投资者之间的信息不对称程度是家族防御的一个重要原因[123]，家族在追求家族控制和跨代传承等社会情感财富时，家族控制者更聚焦于家族成员的利益[192]，这样就加大了家族成员的“壕沟”动机。

信息透明度是有效缓解企业代理冲突和信息不对称的重要因素。从缓解代理冲突的角度，我国民营企业大多都是股权高度集中，这样就造成控股股东与中小股东之间的利益不一致，从而产生代理冲突。企业高质量的信息披露可以通过吸引外部融资来提高投资效率，减少创新投入的不足；同时信息透明度能真实有效的反映企业控股股东和管理者所做出的努力和业绩[217]，帮助外部股东有效激励和监督内部人行为[218]；可见家族企业可以通过信息披露的融资作用和监管作用来确创新投资的顺利进行[19]。

创新活动的资金风险使其更容易被外部融资的约束所影响。一方面，创新活动的专用性使得家族控股股东相比于外部投资者对创新活动的成功概率和对企业产生的收益有更多的信息，这样就造成家族与外部投资者的信息不对称[219]。另一方面，研发成果为企业带来的收益是在企业的实际生产经营中得到体现的，外部投资者很难准确估计创新活动的市场价值。由此形成的信息风险会使创新活动有更高的风险溢价。信息披露可以有效降低外部投资者因信息不足造成的风险溢价，扩大创新投入的资金来源。

家族企业控股股东控制着企业的实际运营，如果缺乏有效的约束和监管，家族成员就会使其更有可能利用其控制权侵占中小股东的利益[220]，由此产生的代理冲突会造成企业的无效投资。外部中小股东可以通过信息披露监管和约束家族控股股东的掏空行为，降低代理成本，确保创新投资的合理使用。

可见，无论从融资或监管的视角，信息披露都能家族涉入与创新投入中起到中介效应。因此，本书提出假设：

H3：家族涉入会通过信息透明度的中介作用对企业创新投入产生影响

H3a：家族控制权会通过信息透明度的中介作用对企业创新投入产生影响

H3b：家族管理权会通过信息透明度的中介作用对企业创新投入产生影响

5.1.3　市场化程度对信息透明度与创新投入关系的调节效应

根据本书的研究框架，本书将检验市场化程度对家族涉入与信息透明度的调节效应，以及市场化程度对信息透明度与创新投入的调节效应。但本章所涉及的“市场化程度对家族涉入与信息透明度的调节效应”的假设与第四章的假设 H4 一致，故本章不再重复假设和检验。本章仅检验市场化程度对信息透明度与创新投入的调节效应。

市场化改革通过完善要素市场、减少政府干预、健全法律制度等使外部市场在资源配置中起到了决定性的作用。在市场化程度较高的地区，法律法规的建设更为完善，企业面临的政府干预较少，市场能够对企业公开披露的会计信息做出正确的反应，并能准确识别企业隐瞒的信息，从而使企业面临更高的诉讼成本[221]。同样，在市场化程度较低的地区，法律制度不完善，对企业信息披露的监管力度较弱，企业所需面对的违规成本较低，从而企业的信息披露缺乏有效的约束。

家族企业在追求经济目标的同时也更注重追求非经济的 SEW 目标。为了避免家族声誉受损，在产权保护更完善、市场化程度更高的地区，家族企业会保证信息披露的可靠性。可见市场化程度能够有效缓解信息透明度对创新投入的负向作用。故本书提出假设：

H4：市场化程度能缓解信息透明度与创新投入的负向作用

本书的研究框架模型如图 5. 1 所示：

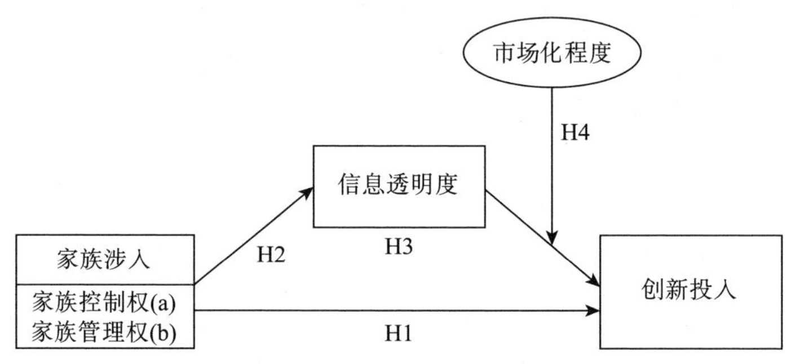

图 5. 1　创新投入研究框架模型

5. 2　研究设计

5. 2. 1　主要变量

本章所涉及的变量是在第四章的基础上变换了因变量和控制变量。自变量家族涉入、中介变量信息透明度和调节变量与上一章一致，本章的因变量为创新投入（R&D）。影响企业创新投入的控制变量包括：外部融资（EF）、资产负债率（LOAR）、公司业绩（ROA）、两职合一（CEO duality）、独立董事（IND）、两权分离度（Wedge）和公司规模（Size）。

5. 2. 2　研究模型

（一）中介效应检验模型

本书借鉴 Baron 和 Kenny（1986）[204] 和温忠麟等（2004）[205] 提出的中

介效应的检验方法，构建以下递归模型来检验家族涉入是否通过信息透明度的中介作用来影响企业的创新投入。

$$R\&D = \alpha + \beta_1 FI + \beta_2 Controlvariables + \beta_2 Yeardummy + \beta_3 Industrydummy + \varepsilon \quad (1)$$

$$transparency = \alpha + \beta_1 FI + \beta_2 Controlvariables + \beta_3 Yeardummy + \beta_4 Industrydummy + \varepsilon \quad (2)$$

$$R\&D = \alpha \beta_1 FI + \beta_2 transparency + \beta_3 Controlvariables + \beta_4 Yeardummy + \beta_5 Industrydummy + \varepsilon \quad (3)$$

第一步对模型（1）进行回归，检验家族涉入与创新投入的回归系数是否显著为正，如果系数 β_1 显著，意味着家族涉入对创新投入有影响，如果不显著则停止检验；第二步对模型（2）进行回归，检验中介变量信息透明度与家族涉入是否显著，如果模型（2）中的系数 β_1 显著，说明家族涉入会影响企业的信息透明度；第三步对模型（3）进行回归，如果模型（3）中的 β_1 和 β_2 两个系数都显著，则说明存在部分中介效应。如果家族涉入的回归系数 β_1 不显著，但信息透明度的回归系数 β_2 显著，说明信息透明度起到了完全中介的作用。

（二）调节效应模型

在检验市场化程度对“家族涉入——信息透明度——创新投入”中介过程的调节作用时，本书采用 James 和 Brett（1984）[207] 和温忠麟等（2004）[205] 提出的方法。为了避免自变量、调节变量与交互项之间的多重共线性问题，本书在进行回归分析之前，对自变量、调节变量与交互项都进行了均值中心化处理。

1. 市场化程度对“家族涉入——信息透明度”关系的调节作用

检验方法和回归模型与第三章中检验市场化程度对“家族涉入——信息透明度——外部融资”中介过程的调节作用中市场化程度对“家族涉入——信息透明度”关系的调节作用一致，故本章不再赘述。

2. 市场化程度对“信息透明度——创新投入”关系的调节作用

以创新投入作为因变量，采用调节性回归分析法，利用逐步回归进行分析，针对本章的具体检验步骤为：步骤一，按照模型（4）引入控制变量；步骤二，按照模型（5）引入控制变量和变量信息透明度；步骤三，按照模型（6）加入调节变量市场化程度和信息透明度与市场化程度的交互项，检验市场化程度对信息透明度与创新投入的调节作用。

基本的回归模型如下：

$$R\&D = \alpha + \beta_1 Controlvariables + \beta_2 Yeardummy + \beta_3 Industrydummy + \varepsilon \quad (4)$$

$$R\&D = \alpha + \beta_1 Transparency + \beta_2 Market + \beta_3 Transparency * Market + \beta_4 Controlvariables + \beta_5 Yeardummy + \beta_6 Industrydummy + \varepsilon \quad (5)$$

$$R\&D = \alpha + \beta_1 Transparency + \beta_2 Market + \beta_3 (Transparency * Market) + \beta_4 FC + \beta_5 FM + \beta_6 Controlvariables + \beta_7 Yeardummy + \beta_8 Industrydummy + \varepsilon \quad (6)$$

5.3 数据分析

5.3.1 相关性分析

表 5.1 是在进行回归分析前，运用 STATA 对各变量进行的相关性分析。从表 5.1 可以看出，（1）创新投入（$R\&D_t$）与信息透明度（Transparency）之间相关系数为 0.062，两者在 1% 的水平显著正相关。（2）创新投入（$R\&D_t$）与家族控制权（FC）负相关，但相关性不显著；创新投入（$R\&D_t$）与家族管理权（FM）相关系数为 0.161，两者在 1% 的水平显著正相关。（3）创新投入（$R\&D_t$）与市场化程度（Market）的相关系数为 0.094，在 1% 的水平显著正相关，可见市场化程度会对企业的创新投入有影响。本书还对所有变量都进行膨胀因子检验，在进行多元回归检验时，对涉及的交互项均进行了均值中心化处理再运用 STATA 进行多元回归分析，处理后的变量不存在多重共线性。

表 5.1　　相关性分析结果

	$R\&D_t$	FC	FM	Transparency	Market	LOAR	EF	ROA	Duality	Ind	Size	Wedge
$R\&D_t$	1											
FC	-0.0290	1										
FM	0.161***	0.177***	1									
Transparency	0.065***	0.188***	0.142***	1								
Market	0.094***	0.095***	0.108***	0.065***	1							
LOAR	-0.328***	-0.045**	-0.148***	-0.298***	0.0240	1						
EF	-0.204***	-0.0280	-0.0100	-0.199***	0.087***	0.526***	1					
ROA	0.194***	-0.108***	-0.072***	0.038**	-0.064***	-0.180***	-0.146***	1				
Duality	0.069***	0.0170	0.075***	0.076***	0.078***	-0.087***	-0.00800	0.0270	1			
Ind	0.058***	0.034*	0.043**	0.00800	-0.086***	-0.00100	0.0150	0.080***	0.121***	1		
Size	-0.160***	0.084***	-0.061***	-0.373***	0.0180	0.549***	0.323***	-0.275***	-0.170***	-0.0280	1	
Wedge	-0.137***	-0.113***	-0.307***	-0.155***	-0.043**	0.207***	0.063***	-0.0240	-0.173***	-0.087***	0.242***	1

注：***，**，*分别为在 1%，5%，10% 的水平下显著相关。

5.3.2 中介作用检验

表 5.2 是家族涉入通过信息透明度中介效应而影响企业创新投入的检验结果。其中模型（1）至模型（3）是检验家族控制权通过信息透明度中介效应而影响企业创新投入的检验结果；模型（4）至模型（6）是检验家族管理权通过信息透明度中介效应而影响企业创新投入的检验结果。从模型（3）可以看出，中介变量信息透明度（Transparency）对创新投入（$R\&D_t$）的回归系数不显著，因此需要进行 Sobel 检验，检验的统计量是 $z=\frac{\hat{a}\hat{b}}{\sqrt{\hat{a}^2S_b^2+\hat{b}^2S_a^2}}$，此处 $\hat{a}$ 是模型 2 中自变量家族控制权（FC）的回归系数 0.2187，$\hat{b}$ 是模型（3）中信息透明度（Transparency）的回归系数 -0.0048，S_a 是模型（2）中自变量回归系数的标准差 0.0189，S_b 是模型（3）中信息透明度（Transparency）的回归系数的标准差 0.0055，代入 z 统计量公式计算出，z 值为 -0.8703，其 p 值大于 0.1，因此，信息透明度（Transparency）对家族控制权（FC）与创新投入的中介效应不显著，H2a 没有得到支持。

从模型（4）至模型（6）的结果可以看出，模型（4）中首先对家族管理权（FM）对企业创新投入的影响进行了检验，回归结果中家族管理权（FM）的系数为 -0.0128，在 1% 的水平显著正相关，假设 H1b 得到验证。可见家族管理权（FM）会对企业的创新投入产生消极作用。模型（5）中，家族管理权与信息透明度在 1% 的水平显著正相关，表明家族所有者更愿意进行信息披露。模型（6）是在模型（4）的基础上加入了中介变量信息透明度（Transparency），从结果看出，家族管理权（FM）与创新投入（$R\&D_t$）的回归系数为 0.0132，在 1% 的水平显著正相关；信息透明度（Transparency）与创新投入（$R\&D_t$）的回归系数为 -0.0118，在 1% 的水平显著负相关，说明信息透明度（Transparency）在家族管理权（FM）与创新投入（$R\&D_t$）的过程中起到了部分中介的作用，假设 H2b 得到验证。

表 5.2　　　信息透明度对家族涉入与创新投入关系的中介作用

被解释变量	(1) 因变量	(2) 中介变量	(3) 因变量	(4) 因变量	(5) 中介变量	(6) 因变量
	$R\&D_t$	Transparency	$R\&D_t$	$R\&D_t$	Transparency	$R\&D_t$
控制变量						
EF	-0.0117***	-0.0359**	-0.0119***	-0.0124***	-0.0461***	-0.0131***
LOAR	-0.0693***	-0.0682***	-0.0696***	-0.0645***	-0.0683***	-0.0653***
ROA	0.0044***	-0.0049***	0.0044***	0.0047***	-0.0055***	0.0046***
Duality	0.0035**	0.0015	0.0035**	0.0032*	0.0017	0.0032*
Ind	0.0041**	-0.0023	0.0041**	0.0036**	-0.0006	0.0035**
Size	0.0057***	-0.0578***	0.0054***	0.0047***	-0.0537***	0.0041***
Wedge	-0.0001***	-0.0001	-0.0001***	-0.0001***	-0.0001***	-0.0001*
Year dummy	Yes	Yes	Yes	Yes	Yes	Yes
Industry dummy	Yes	Yes	Yes	Yes	Yes	Yes
家族涉入						
FC	-0.0201***	0.2187***	-0.0189***			
FM				-0.0128***	0.0392***	-0.0132***
中介变量						
Transparency			-0.0048			-0.0118**
Adjusted R^2	0.149	0.197	0.152	0.158	0.167	0.161
F - Value	56.72	78.93	51.12	59.48	64.65	54.08
N	2846	2846	2846	2846	2846	2846

注：***，**，*分别为在1%，5%，10%的水平下显著相关。

进一步，本书参考 Preacher 和 Hayes（2004）[222] 的 Bootstrap 法进行中介效应检验，所谓 bootstrap 技术，也称“自助法”或“拔靴法”，是一种通过估计统计量方差进而进行区间估计的非参数统计方法，其基本核心思想是利用重抽样样本数据计算统计量和估计样本分布。检验结果显示，从间接效应来看，95%置信区间［0.0024，0.0066］不包含0，说明信息透明度的中介效应显著，且效应值为0.0043（SE=0.0011）。控制中介变量信息透明度后，95%置信区间［-0.250，-0.0019］不包含0，说明家族管理权（FM）对企业创新投入（$R\&D_t$）的直接效应存在。因此，Bootstrap 检验的结果也充分支持了信息透明度的中介作用。

5.3.3 调节效应检验

（一）市场化程度对家族涉入与信息透明度的调节作用

市场化程度对家族涉入与信息透明度的调节效应已在第四章作出检验，本章不再进行赘述。

（二）市场化程度对信息透明度与创新投入的调节作用

为了检验假设 H4，本章以创新投入（R&D）为因变量，以信息透明度（Transparency）为自变量，市场化程度（Market）为调节变量进行回归。调节效应的回归结果见表 5.3。

表 5.3　　市场化程度对信息透明度与创新投入关系的调节效应

被解释变量	(1)	(2)	(3)
控制变量			
EF	-0.0112 **	-0.0115 ***	-0.0142 ***
LOAR	-0.6826 ***	-0.0698 ***	-0.0714 ***
ROA	0.0045 ***	0.0052 ***	0.0042 ***
Duality	0.0034 *	0.0025	0.0024
Ind	0.0038 **	0.0042 **	0.0046 ***
Size	0.0051 ***	0.0052 ***	0.0042 ***
Wedge	0.0001 ***	0.0001 ***	0.0001 ***
Year dummy	Yes	Yes	Yes
Industry dummy	Yes	Yes	Yes
家族涉入			
FC		-0.0261 ***	-0.0011 ***
FM		0.0136 ***	-0.0139 ***
信息透明度			
Transparency		-0.0033 **	-0.0093 *
调节变量			
Market			0.0034 ***
交互项			
Transparency * Market			-0.0012 *

续表

被解释变量	(1)	(2)	(3)
Adjusted R^2	0.148	0.157	0.168
F - Value	61.93	52.79	47.95
N	2846	2846	2846

注：***，**，*分别为在1%，5%，10%的水平下显著相关。

检验步骤：首先控制了企业的特征变量，如模型（1）所示；其次在模型（1）的基础上加入家族涉入和自变量信息透明度（Transparency），接着在模型（2）的基础上加入了调节变量市场化程度（Market），及信息透明度与市场化程度的交互项（Transparency * Market），回归结果如模型（3）所示。

从表5.3中可以看出，信息透明度与市场化程度的交互项（Transparency * Market）在10%的水平显著负相关，因此假设H4得到支持。结果说明市场化程度可以有效缓解信息透明度对创新投入的负向作用。可见信息披露会使家族对企业的掏空行为更容易被外部投资者发现，外部投资者更可能将创新投资归类为会损害当期利益的“过度投资”，从而对企业的创新投入产生阻碍影响。当企业处于地区的市场化程度更高时，外部环境机制的完善，企业的产权保护环境较好，而外部环境会影响企业的投资倾向，进而影响企业的创新投入[223]。市场化程度较高的地区制度效率较高，这就降低了家族企业对不确定环境的敏感性[224]，进而缓解信息透明度对创新投入的负向作用。

5.3.4　内生性检验

本书从信息透明度视角研究家族涉入与企业的创新投入的关系，必然要考虑信息透明度的内生性问题。

信息透明度内生性问题会导致信息透明度对家族企业的回归是有偏的，故本书根据信息透明度指标中位数来将样本分组，信息透明度高的子样本视为企业愿意信息披露（处理组），信息透明度低的子样本视为企业不愿意信息披露（控制组），采用倾向得分匹配法（Propensity Score Matching，简称PSM）来估计信息透明度对家族企业创新投入的“处理效应”。

首先，先进行平衡性检验，检验结果见表 5.4，匹配后所有协变量的标准化偏差小于 10%，变量的标准误差绝对值都有所减少，所有 t 检验的 p 值都大于 10%，可见协变量都通过了平衡性检验。

而表 5.5 中的模型（1）至模型（8）分别得出了信息透明度对家族企业创新投入采用一对一匹配、邻近匹配、卡尺匹配、半径匹配、核匹配、局部线性回归匹配、样条匹配以及马氏匹配后的估计结果。其中，ATE 代表全样本的匹配结果，ATU 代表只考虑不愿意信息披露的企业的匹配结果，ATT 则代表仅考虑愿意信息披露企业的匹配结果。由表 5.5 可看出，所有匹配结果显著为负，且都有 1% 水平显著。

表 5.4　　处理组与控制组平衡性假设检验

变量	样本	均值		标准误（%）	标准误绝对值减少（%）	t 检验	
		处理组	控制组			t 值	p 值
FC	未匹配	0.4189	0.3689	32.6	96.4	8.67	0.000
	匹配	0.4189	0.4171	1.2		0.32	0.746
FM	未匹配	0.8386	0.7323	26.1	83.6	6.98	0.000
	匹配	0.8386	0.8561	-4.3		-1.32	0.186
Market	未匹配	7.953	7.788	10.3	89.9	2.76	0.006
	匹配	7.953	7.943	0.6		0.29	0.769
EF	未匹配	0.2053	0.2821	-34.6	78.7	-9.22	0.000
	匹配	0.2053	0.2217	-7.4		-2.08	0.037
LOAR	未匹配	0.3498	0.4525	-52.5	95.8	-13.98	0.000
	匹配	0.3498	0.3541	-2.2		-0.61	0.543
ROA	未匹配	2.3163	2.1682	8.1	-8.0	2.15	0.031
	匹配	2.3163	2.4762	-8.8		-2.29	0.022
Duality	未匹配	0.4176	0.3313	17.9	72.9	4.76	0.000
	匹配	0.4176	0.4411	-4.9		-1.29	0.196
Ind	未匹配	0.5153	0.5033	2.4	-166.4	0.64	0.521
	匹配	0.5153	0.5475	-6.4		-1.76	0.079
Size	未匹配	21.471	22.074	-63.9	96.6	-17.07	0.000
	匹配	21.471	22.074	2.1		0.63	0.529
Wedge	未匹配	1.2738	1.428	-21.3	98.6	-5.70	0.000
	匹配	1.2738	1.276	-0.3		-0.10	0.920

表 5.5 为信息透明度对企业创新投入的倾向得分匹配估计结果，结果与基准模型很接近，进一步验证了本书的结论。

表 5.5　信息透明度对企业创新投入的倾向得分匹配回归估计结果

因变量类型	模型（1）	模型（2）	模型（3）	模型（4）	模型（5）	模型（6）	模型（7）	模型（8）
估计方法	一对一匹配	邻近匹配	卡尺匹配	半径匹配	核匹配	局部线性回归匹配	样条匹配	马氏匹配
未匹配	0.0026*** (0.001)	0.0026*** (0.001)	0.0026*** (0.001)	0.0026*** (0.001)	0.0026*** (0.001)	0.0026*** (0.001)	0.0026*** (0.001)	0.0026*** (0.001)
ATT	0.0011 (0.342)	0.0018* (0.051)	0.0018* (0.056)	0.0027*** (0.001)	0.0027*** (0.000)	0.0029*** (0.000)	0.0028*** (0.000)	0.0021** (0.014)
ATU	0.0023* (0.066)	0.0022** (0.003)	0.0022** (0.033)	0.0023*** (0.005)	0.0025*** (0.001)	0.0024*** (0.003)	0.0024*** (0.003)	0.0032*** (0.000)
ATE	0.0016* (0.081)	0.0021** (0.002)	0.0021** (0.021)	0.0025*** (0.001)	0.0026*** (0.001)	0.0026*** (0.001)	0.0026*** (0.001)	0.0026*** (0.001)
观测值	2846	2846	2846	2846	2846	2846	2846	2846

注：***，**，*分别为在 1%，5%，10% 的水平下显著相关。

5.3.5 稳健性检验

在检验中介作用时，考虑到创新投入的持续性，本书还检验了家族涉入、信息透明度对滞后两年的创新投入的影响，检验结果见表 5.6。从表 5.6 的稳健性结果看出，结果得出的显著程度会略有不同，但符号方向并没有发生变化，本书的研究结论得到了有效的支持。

表 5.6　中介作用的稳健性检验

被解释变量	(1) 因变量	(2) 中介变量	(3) 因变量	(4) 因变量	(5) 中介变量	(6) 因变量
	$R\&D_{t+2}$	Transparency	$R\&D_{t+2}$	$R\&D_{t+2}$	Transparency	$R\&D_{t+2}$
控制变量						
EF	-0.0114**	-0.0359**	-0.0115**	-0.0118***	-0.0461***	-0.0122***

续表

被解释变量	(1) 因变量	(2) 中介变量	(3) 因变量	(4) 因变量	(5) 中介变量	(6) 因变量
	$R\&D_{t+2}$	Transparency	$R\&D_{t+2}$	$R\&D_{t+2}$	Transparency	$R\&D_{t+2}$
LOAR	-0.0685***	-0.0682***	-0.0685***	-0.0638***	-0.0683***	-0.0644***
ROA	0.0055***	-0.0049***	0.0055***	0.0058***	-0.0055***	0.0057***
Duality	0.0027	0.0015	0.0027	0.0024*	0.0017	0.0024
Ind	0.0046**	-0.0023	0.0046**	0.0041**	-0.0006	0.0041**
Size	0.0064***	-0.0578***	0.0063***	0.0052***	-0.0537***	0.0047***
Wedge	-0.0001***	-0.0001	-0.0001***	-0.0001***	-0.0001***	-0.0001**
Year dummy	Yes	Yes	Yes	Yes	Yes	Yes
Industry dummy	Yes	Yes	Yes	Yes	Yes	Yes
家族涉入						
FC	-0.0266***	0.2187***	-0.0264***			
FM				0.0112***	0.0392***	-0.0116***
中介变量						
Transparency			-0.0009			-0.0092*
Adjusted R^2	0.153	0.197	0.153	0.154	0.167	0.155
F - Value	57.22	78.93	51.48	57.62	64.65	52.15
N	2846	2846	2846	2846	2846	2846

注：***，**，*分别为在1%，5%，10%的水平下显著相关。

5.4 本章结论

本书以社会情感财富理论为基础，以企业的创新决策（创新投入）为切入点，研究家族企业的家族涉入与创新投入之间的关系，重点分析了信息透明度的中介作用和市场化程度的调节效应。基于以上的实证分析，本章的大部分研究假设得到了验证，具体的验证结果见表5.7。

表 5.7　研究假设验证情况汇总表

	研究假设	是否验证
假设 1a	家族控制权与企业创新投入呈显著正相关关系	是
假设 1b	家族控制权与企业创新投入呈显著负相关关系	否
假设 2a	家族管理权与企业创新投入呈显著正相关关系	否
假设 2b	家族管理权与企业创新投入呈显著负相关关系	是
假设 3	家族涉入会通过信息透明度的中介作用对企业创新投入产生影响	部分验证
假设 3a	家族控制权通过信息透明度的中介作用对企业创新投入产生影响	否
假设 3b	家族管理权通过信息透明度的中介作用对企业创新投入产生影响	是
假设 4	市场化程度会正向调节信息透明度与创新投入的关系	是

本章的主要结论是：第一，家族控制权对创新投入具有显著正相关作用，信息透明度在家族控制权与创新投入不具有中介作用；家族管理权对创新投入具有显著负向作用，信息透明度在家族管理权与创新投入之间具有部分中介作用。可见家族成员掌握企业控制权时，家族企业出于对 SEW 中长远目标导向的追求，会对企业创新投入有积极的影响；但同时，对企业创新投资决策起决定性作用的是位于执行层的管理者而非控股股东。管理者会直接参与到企业的创新投资项目，对创新投资的风险、收益会有更加全面、客观的了解和判断。

相较于企业的其他投资活动，创新活动具有较高的资金风险，需要长期持久的资金投入，但很少有企业能独立依靠内部资金而不借助外部资金进行持续研发，当内部资源不能满足其投资时，企业必然会进行外部融资，但对于家族企业，外部融资意味着更多的外部监管和家族控制权的稀释，这就会对家族社会情感财富造成威胁。在面对融资困境即家族需要在融资风险与是否损失家族 SEW 时，家族企业更倾向于选择不损伤家族 SEW[190]。害怕失去控制权的家族企业会尽量避免向外部获得资金，这种谨慎的态度会阻碍企业寻求新的创新机会。因而，在创新投资方面，家族企业常常会表现出短视行为[17]，不愿意在周期长且风险高的创新项目有过多的投入。

而信息透明度在家族管理对企业创新投入的影响关系中起到了一定的中介作用。这一研究结论说明，当家族高管团队决定对企业的创新活动进行投资时，会利用各种信息渠道对企业的价值进行一个判断，家族成员与外部投资者之间的信息不对称会导致外部投资者更容易将创新投资视为过度投资[24]，信息披露则向投资者传递了公司价值相关的信息，降低了投资者由于信息劣势而承担的信息风险以及相应的风险溢价。外部融资成本的降低缓解了企业面临的融资约束，扩大了研发投入的资金来源，进而缓解了家族控制者对创新活动资金风险的担忧。

第二，市场化程度可以正向调节信息透明度与创新投入的负向关系。表现为，相较于处于市场化程度较低区域的企业，当企业所处地区的市场化程度较高时，信息透明度与外部融资的负向关系减弱，假设 H4 得到支持。当企业所处地区市场化程度越高，企业与外部资本市场之间的契约环境越好，这样就能有效缓解外部投资者与家族企业创新投资之间的不信任；市场化程度也会使家族控制者增加对家族社会情感财富保有增益的评估，保证家族创新投资的顺利进行。

第六章

家族涉入、信息透明度对企业创新决策结果的影响

创新活动是企业在市场竞争中保持长期发展的重要途径[225]，创新活动虽然有高成本和高风险的特点，而且家族企业的异质性会导致创新活动对企业价值的作用千差万别[16;140]，但创新活动和企业价值之间的关系得到了很多学者的认可。

相较于非家族企业，保证企业的基业长青是需要家族企业长期面对和考虑的问题。现在文献对家族企业的家族涉入与企业价值的关系进行了深入研究，从研究结论来看，大多数学者都肯定了家族涉入对企业价值的积极作用[30;226;227]。学者们认为，家族通过控制权、管理权等方式涉入企业，可以有效缓解企业的代理冲突，降低企业的代理成本；此外，家族的社会资本所形成的独特资源会帮企业形成一定的竞争优势，为企业价值提供便利。但也有一部分学者对家族涉入对企业价值的作用持否定态度，他们认为家族控股股东利用控制权和管理权涉入的优势，更有可能为家族牟取私利，这样就可能对企业价值产生消极影响[228;229]。

曾经学者们都认为企业的根本追求是企业的利润最大化，但事实上，除了以济目标，家族企业对社会情感财富目标的追求是导致家族涉入对企业价值的作用结论不一致的一个根本性原因[50]。正如本书第四章、第五章提到的，家族企业在追求社会情感财富目标的过程中，为了保全家族利益，企业在信息披露方面有很大的差异。

从企业长期绩效看，家族成员出于家族企业的感情，会对企业进行更长远的规划。为了获取更多外部投资者的支持，企业更可能进行信息披露，外部投资者对企业信息了解的越多，对企业越放心，对家族企业

经营管理干扰就较少，家族企业可以更集中于企业的长期发展。而当家族企业更注重对企业的掌控时，控股家族成员关注自身的利益，为了避免获取家族利益的行为被外部知晓，家族企业更可能避免信息披露，而这样就会损害企业价值[230]。可见企业的信息披露会影响家族企业的企业价值。而对于家族企业，家族控制者是否愿意进行信息披露，信息透明度在家族涉入和企业价值之间的又起到怎样的中介作用正是本书的意义所在。但我国的经济市场正处于转型时期，企业外部市场环境并不完善，不同地区的差异化发展会使信息披露对企业价值的影响发生变化。故本书进一步对市场化程度在“信息透明度——企业价值”的调节作用进行研究。

6.1 研究假设

6.1.1 家族涉入与企业价值

家族控制权涉入对企业价值的影响目前存在一定的分歧，研究结论也并不一致。家族在社会情感财富导向和利润导向之间的选择导致了家族控制权与企业价值结论的不一致[231]。当家族更追求社会情感财富时，家族控制权涉入为企业价值带来了明显的优势。当家族以控制权涉入企业时，会使家族在企业中形成特有的身份[96]，相较于非家族企业，家族企业会更注重自身的形象[148]。这样，家族企业为了自身荣誉，会更愿意对利益相关者负责[232]，承担更多的社会责任[233]，这对于企业的长远发展和经济利益产生优势。此外，当所有权和控制权集中于家族时，集中的控制权可以避免控制者和管理权的代理冲突，减少企业中搭便车行为的发生，进而有助于企业价值的最大化[50]。Martínez 等（2010）[234]通过对智利家族企业的实证检验发现，家族控制权水平与企业价值显著正相关。Anderson 等（2003）[30]在研究美国的家族企业时，当家族股权持有水平高于 19% 时，家族企业的绩效显著高于非家族企业。除了发达国家，我国有关家族企业的研究也证实了这一结论。对于我国上市家族企业，家族控股股东持股比例对企业价值有积极作用[80;235]。故本书提出：

H1a：家族控制权对企业价值有积极作用

不少现有研究也证实了家族控制与企业价值之间的负向关系。从代理理论角度看，家族所有权控制会给企业带来一些潜在的冲突关系[51;236]，家族股东与外部投资者之间的存在第二类代理冲突。家族控股股东持股所带来的壕沟效应，会加剧其对中小股东利益的侵占，这就会企业价值产生削弱作用[216]。不少数学者通过对发达国家和地区的实证检验都证实这一结论。Faccio 和 Young（2001）[237]、Lins（2003）[238]对东南亚地区企业的所有权与企业价值的关系进行的分析。Cronqvist（2003）[239]从控股股东与中小股东代理冲突的视角对瑞典的企业进行检验，得出家族控制权对企业价值负向作用的结论。King 和 Santor（2008）[240]对加拿大家族企业的研究显示，家族金字塔式的控制权结构导致的家族控制者与外部中小股东的冲突，会降低家族企业的企业价值。不同于发达国家，我国家族企业处于制度环境相对不均衡和落后，投资者保护的相关制度并不完善，在巨大利益侵占的驱动下，更加剧了大股东对外部中小股东的利益侵占。家族第一大股东的持股比例会对企业的市场价值产生负向影响[95]。

H1b：家族控制权对企业价值有消极作用

通过对已有文献的梳理发现，家族管理权与企业价值的关系目前也存在一定的争议。不同学者从代理理论、管理理论、社会情感财富理论等视角分析了家族参与企业管理时的积极作用。有学者认为家族成员担任管理层可以有效解决企业所有权与控制权分离形成的代理问题[30]。家族成员的管家角色使其对企业具有极强的认同感，并将企业价值视作家族财富的延伸[102]。此外，家族高管还拥有非家族高管所没有的特性，能为企业带来特殊的贡献。Dyer（2006）[241]提出家族参与管理对企业的积极作用在于家族参与管理时，会更愿意注重与利益相关者长期的合作关系，愿意为客户提供更好的服务，这些特有的人力和社会资本更有助于企业价值的提升。Barontini 和 Caprio（2006）[242]也提出在家族企业创业初期，家族的利他主义对企业价值的积极作用明显高于非家族企业，而且这一优势即使二代接管也不会改变。此外，家族成员参与管理时，对企业还能起到监督作用，帮助企业高效的产生绩效[243]。

H2a：家族管理权对企业价值有积极作用

同样从代理理论和管家理论等视角，也有部分学者得出了不同的结论。基于代理理论，Schulze 等（2001）[116]认为家族参与管理时的利他主义也有其阴暗面，利他会造成代理风险，使家族企业的家族管理者更容易出现道德风险和逆向选择。家族企业的裙带关系使企业更愿意从家族成员中选择管理者，但这种行为更容易引发非家族管理者的憎恨，这种管理方式更容易制约企业的成长与发展[226]。研究显示，家族成员对企业在情感上的依赖会使家族成员担任管理职位的时间要比非家族成员更长[212]，Mcconaughy 和 Phillips（1999）[244]对美国家族企业的研究得出，家族 CEO 平均任期年限是非家族 CEO 的 3 倍。这不仅不利于消除潜在的冲突关系，反而可能会对企业价值产生更消极的影响。不同于非家族高管，家族成员在担任管理层职务时，兼任着家族成员与企业雇员的双重角色，这会使其在进行战略决策时在家族期待和企业期待之间进行平衡抉择[245]。家族管理者很有可能为了规避风险而破坏企业价值。

H2b：家族管理权对企业价值有消极作用

6.1.2 信息透明度对家族涉入与企业价值关系的中介作用

学者们赋予了社会情感财富不同的结构维度特征，但其中有两个维度得到了学者的一致认可：一是追求家族对企业的控制与管理[85]，二是企业的传承接代[232]。当企业追求家族控制与管理时，更可能是为了谋取家族的利益。为了这个目的，家族更不愿意削弱企业的控制权，会阻止外部投资者的进入。而当企业信息透明低时，家族牟取私利的动机更难被外部知晓。为了家族利益不受影响，家族控股股东会通过披露有限的信息或扭曲信息来掩盖企业活动。而家族成员对家族利益越关注，就会对企业持续经营和绩效产生不利影响。

当企业更追求企业的传承时，家族更注重企业的持续经营与发展，这样就会使家族更希望企业能够稳中求胜。当企业的信息相对不透明时，受到外部干扰的可能性更低，家族为了传承，家族成员也愿意对企业进行监督，这样可以为企业节约信息披露的成本。家族不需要对外部投资者随时汇报企业的短期绩效，这样就能更专注于企业的长远发展。

可见家族控股股东不同的战略选择在对企业价值产生影响的过程中，信息披露都会在家族涉入与企业价值之间起到中介作用。因此，本书提出假设：

H3：家族涉入会通过信息透明度的中介作用对企业价值产生影响

H3a：家族控制权会通过信息透明度的中介作用对企业价值产生影响

H3b：家族管理权会通过信息透明度的中介作用对企业价值产生影响

6.1.3　市场化程度对信息透明度与企业价值的调节作用

家族企业家族在追求家族控制和跨代传承等社会情感财富时，家族控制者更聚焦于家族成员的利益[192]，这样就加大了家族成员的“壕沟”动机，信息透明度可能会制约家族企业的机会主义，但也更可能使家族出于利他主义对企业掏空的行为更容易被外部投资者都发现。外部投资者更容易对企业的经营管理进行干预，企业为了向外部投资者负责，更可能注重外部投资者注重的项目，这就可能对家族企业长期统一的战略决策产生不利影响。

我国各个地区的市场化发展程度很不均衡，对企业的影响也存在差异。在市场化水平较高的地区，法律保护程度较高，一旦企业发生违法违规行为，执法部门都是进行严厉的责罚。家族企业为了避免责罚会更注重企业的内部治理，保证企业信息披露的质量。外部投资者对企业通过市场传递的信息越相信，越有助于企业在市场占据份额，提高企业价值。此外，在市场化程度较高的地区，政府和市场的监管为企业提供了更透明度信息披露环境，这样外部投资者对企业未来发生事项预测的准确性将提高，投资者未能预期的部分变小，这样就保证了企业价值的稳定性。可见市场化程度能有效缓解信息透明度对企业价值的消极作用。

H4：市场化程度能缓解信息透明度对企业价值的消极作用

本书的研究框架模型如图 6.1 所示：

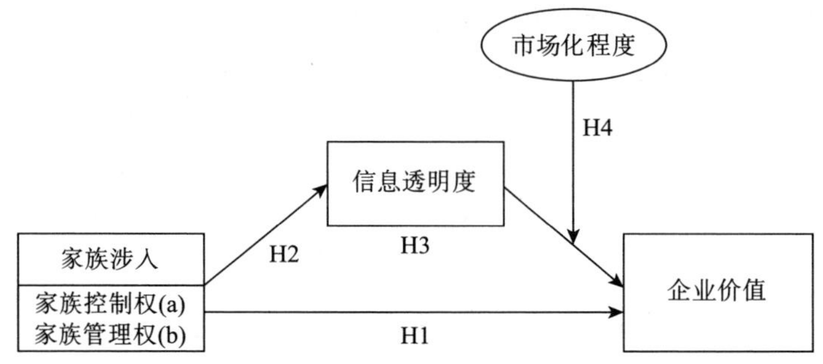

图 6.1 企业价值研究框架模型

6.2 研究设计

6.2.1 主要变量

本章所涉及的变量是在第四章的基础上变换了因变量和控制变量。自变量家族涉入、中介变量信息透明度和调节变量与上一章一致，本章的因变量为企业价值（Tobin Q）。影响企业创新投入的控制变量包括：外部融资（EF）、创新投入（R&D）、资产负债率（LOAR）、系数（Beta）、账面市值比（BM）、两职合一（CEO duality）、独立董事（IND）和公司规模(Size)。

6.2.2 研究模型

（一）中介效应检验模型

本书借鉴 Baron 和 Kenny（1986）[204] 和温忠麟等（2004）[205] 提出的中介效应的检验方法，构建以下递归模型来检验家族涉入是否通过信息透明度的中介作用来影响企业的企业价值。

$$TobinQ = \alpha + \beta_1 FI + \beta_2 Controlvariables + \beta_2 Yeardummy + \beta_3 Industrydummy + \varepsilon \quad (1)$$

$$transparency = \alpha + \beta_1 FI + \beta_2 Controlvariables + \beta_3 Yeardummy + \beta_4 Industrydummy + \varepsilon \quad (2)$$

$$TobinQ = \alpha\beta_1 FI + \beta_2 transparency + \beta_3 Controlvariables + \beta_4 Yeardummy + \beta_5 Industrydummy + \varepsilon \quad (3)$$

第一步对模型（1）进行回归，检验家族涉入与创新投入的回归系数是否显著为正，如果系数 β_1 显著，意味着家族涉入对企业价值有影响，如果不显著则停止检验；第二步对模型（2）进行回归，检验中介变量信息透明度与家族涉入是否显著，如果模型（2）中的系数 β_1 显著，说明家族涉入会影响企业的信息透明度；第三步对模型（3）进行回归，如果模型（3）中的 β_1 和 β_2 两个系数都显著，则说明部分中介效应。如果家族涉入的回归系数 β_1 不显著，但信息透明度的回归系数 β_2 显著，说明信息透明度起到了完全中介的作用。

（二）调节效应模型

在检验市场化程度对“家族涉入——信息透明度——企业价值”中介过程的调节作用时，本书采用 James 和 Brett（1984）[207] 和温忠麟等（2004）[205] 提出的方法。为了避免自变量、调节变量与交互项之间的多重共线性问题，本书在进行回归分析之前，对自变量、调节变量与交互项都进行了均值中心化处理。

1. 市场化程度对“家族涉入——信息透明度”关系的调节作用

检验方法和回归模型与第三章中检验市场化程度对“家族涉入——信息透明度——外部融资”中介过程的调节作用中市场化程度对“家族涉入——信息透明度”关系的调节作用一致，故本章不再赘述。

2. 市场化程度对“信息透明度——企业价值”关系的调节作用

以企业价值作为因变量，采用调节性回归分析法，利用逐步回归进行分析，针对本章的具体检验步骤为：步骤一，按照模型（4）引入控制变量；步骤二，按照模型（5）引入控制变量和变量信息透明度；步骤三，按照模型（6）加入调节变量市场化程度和信息透明度与市场化程度的交互项，检验市场化程度对信息透明度与企业价值的调节作用。

基本的回归模型如下：

$$TobinQ = \alpha + \beta_1 Controlvariables + \beta_2 Yeardummy + \beta_3 Industrydummy + \varepsilon \quad (4)$$

$$TobinQ = \alpha + \beta_1 Transparency + \beta_2 Market + \beta_3 Transparency * Market + \beta_4 Controlvariables + \beta_5 Yeardummy + \beta_6 Industrydummy + \varepsilon \quad (5)$$

$$TobinQ = \alpha + \beta_1 Transparency + \beta_2 Market + \beta_3 (Transparency * Market) + \beta_4 FC + \beta_5 FM + \beta_6 Controlvariables + \beta_7 Yeardummy + \beta_8 Industrydummy + \varepsilon \quad (6)$$

6.3 数据分析

6.3.1 相关性分析

表 6.1 是在进行回归分析前，运用 STATA 对各变量进行相关性分析。从表 6.1 可以看出，（1）企业价值（Tobin Q）与家族控制权（FC）在 1%的水平负相关；（2）企业价值（Tobin Q）与家族管理权（FC）同样在 1%的水平负相关；（3）企业价值（Tobin Q）与企业的创新投入（$R\&D_t$）在 1%水平显著正相关，可见企业的创新投入（$R\&D_t$）会显著提高家族企业的企业价值（Tobin Q）；（4）企业价值（Tobin Q）与市场化程度（Market）的相关系数为 -0.064，在 1%水平显著负相关，可见市场化程度的地区，家族企业的企业价值（Tobin Q）反而越低，这与本书一般性的理解相反，值得进一步的研究。同样，与第四章、第五章一样，在进行多元回归检验之前，对所有变量都进行膨胀因子检验，并对交互项进行了均值化处理，保证回归方程中的变量不存在多重共线性。

6.3.2 中介作用检验

表 6.2 是家族涉入通过中介变量信息透明度对企业价值的检验结果。其中模型（1）至模型（3）是检验家族控制权通过信息透明度中介效应而影响企业价值的检验结果；模型（4）至模型（6）是检验家族管理权通过

表 6.1　相关性分析结果

	Tobin Q	FC	FM	Transparency	Market	EF	R&D	LOAR	Beta	BM	Duality	Ind	Size
Tobin Q	1												
FC	-0.108***	1											
FM	-0.072***	0.177***	1										
Transparency	0.038**	0.188***	0.142***	1									
Market	-0.064***	0.095***	0.108***	0.065***	1								
EF	-0.146***	-0.0280	-0.0100	-0.199***	0.087***	1							
R&D	0.194***	-0.0290	0.161***	0.065***	0.094***	-0.204***	1						
LOAR	-0.180***	-0.045**	-0.148***	-0.298***	0.0240	0.526***	-0.328***	1					
Beta	-0.051***	-0.042**	0.038**	-0.228***	0.0180	-0.0300	0.160***	-0.044**	1				
BM	-0.398***	0.0160	-0.108***	-0.196***	-0.00600	0.262***	-0.233***	0.534***	0.0210	1			
Duality	0.0270	0.0170	0.075***	0.076***	0.078***	-0.00800	0.069***	-0.087***	0.047**	-0.110***	1		
Ind	0.080***	0.034*	0.043**	0.00800	-0.086***	0.0150	0.058***	-0.00100	-0.044**	-0.058***	0.121***	1	
Size	-0.275***	0.084***	-0.061***	-0.373***	0.0180	0.323***	-0.160***	0.549***	-0.111***	0.494***	-0.170***	-0.0280	1

注：***，**，*分别为在1%，5%，10%的水平下显著相关。

信息透明度中介效应而影响企业价值的检验结果。从模型（1）至模型（3）的结果可以看出，模型（1）中首先对家族控制权对企业价值的影响进行了检验，回归结果 FC 的系数为 -1.002，在 1% 水平显著为负，假设 1a 得到检验，结果说明家族控制权会对企业价值产生负向影响。模型（2）的结果和前两章一致，家族控制者愿意进行信息披露。

表 6.2　　信息透明度对家族涉入与企业价值关系的中介作用

被解释变量	(1) 因变量	(2) 中介变量	(3) 因变量	(4) 因变量	(5) 中介变量	(6) 因变量
	Tobin Q	Transparency	Tobin Q	Tobin Q	Transparency	Tobin Q
控制变量						
EF	-0.5596***	-0.0301**	-0.5865***	-0.4572***	-0.0411***	-0.4945***
$R\&D_t$	5.1071***	0.1058*	5.2019***	5.8187***	0.0183	5.8354***
LOAR	1.5093***	-0.0782***	1.4393***	1.4498***	-0.0871***	1.3709***
Beta	-0.6003***	-0.2041***	-0.7831***	-0.5685***	-0.2092***	-0.7581***
BM	-0.9936***	0.0162***	-0.9791***	-1.0079***	0.0179***	-0.9918***
Duality	-0.1309**	0.0068	-0.1248*	-0.1174*	0.0069	-0.1111*
Ind	0.0196***	-0.0076	0.1889***	0.1971***	-0.0063	0.1914***
Size	-0.2759***	-0.0655***	-0.3346***	-0.2917***	-0.0001***	-0.3468***
Year dummy	Yes	Yes	Yes	Yes	Yes	Yes
Industry dummy	Yes	Yes	Yes	Yes	Yes	Yes
家族涉入						
FC	-1.0021***	0.2204***	-0.8048***			
FM				-0.5417***	0.0392***	-0.4961***
中介变量						
Transparency			-0.8949***			-0.9063***
Adjusted R^2	0.204	0.271	0.212	0.211	0.244	0.161
F - Value	82.02	116.82	76.06	85.45	101.85	54.08
N	2846	2846	2846	2846	2846	2846

注：***，**，*分别为在 1%，5%，10% 的水平下显著相关。

模型（3）是在模型（1）的基础上加入了中介变量信息透明度，结果显示家族控制权与企业价值在 1% 水平显著负相关，信息透明度与企业价值同样在1%水平显著负相关，说明信息透明度在家族控制权与企业价值的过程中起到了部分中介作用，假设3a得到验证。

从模型（4）至模型（6）的结果看出，模型（4）是检验了家族管理权对企业价值的作用，结果显示家族管理权对企业价值在1%的水平显著负相关，假设1b得到验证，说明家族管理权会对企业价值产生负向影响。模型（5）的结果和前两章一致，家族参与企业管理时，同样愿意进行信息披露。模型（6）是在模型（4）的基础上加入中介变量信息透明度，结果显示家族管理权与企业在1%水平显著负相关，信息透明度与企业价值同样在1%水平显著负相关，说明信息透明度在家族管理权与企业价值过程中起到了部分中介作用，假设3b得到验证。

6.3.3　调节效应检验

根据本书的研究框架，本书将检验市场化程度对家族涉入与信息透明度的调节效应，以及市场化程度对信息透明度与企业价值的调节效应。但本章所涉及的“市场化程度对家族涉入与信息透明度的调节效应”的假设与第四章的假设H4一致，故本章不再重复假设和检验。本章仅检验市场化程度对信息透明度与企业价值的调节效应。

为了检验本章的假设4，本章以企业价值（Tobin Q）作为因变量，信息透明度（Transparency）为自变量，市场化程度（Market）为调节变量进行回归，来检验外部市场环境对企业信息披露与市场价值关系的影响。

调节效应的回归结果见表6.3。检验步骤：首先控制了企业的特征变量，如模型（1）所示；其次在模型（1）的基础上加入家族涉入和自变量信息透明度（Transparency），接着在模型（2）的基础上加入了调节变量市场化程度（Market），及信息透明度与市场化程度的交互项（Transparency * Market），回归结果见表6.3中的模型（3）所示。

从表6.3中可以看出，信息透明度与市场化程度的交互项（Transparency * Market）在10%的水平显著负相关，因此假设H4得到支持。结果说明市场化程度可以有效缓解信息透明度对企业价值的负向作用。此外，还可以看到，在检验信息透明度与企业价值之间的关系时，家族涉入同样会对企业价值产生影响。但代表家族涉入的家族控制权（FC）与家族管理权（FM）中，家族控制（FC）与企业价值（Tobin Q）不相关，家族管理权（FM）与企业价值（Tobin Q）在1%的水平显著负相关。本书可以推测，在通过年报、网站等信息披露方式与外部投资者进行沟通时，家族成员参与企业管理会给外部投资者一种不专业和负面的信号，外部投资者会对企业的市场价值产生质疑，从而影响外部投资者买卖企业股票的意愿，对企业的市场价值产生负面影响。

表6.3　市场化程度对信息透明度与企业价值关系的调节效应

被解释变量	(1)	(2)	(3)
控制变量			
EF	-0.3816**	-0.3669**	-0.3452**
$R\&D_t$	5.8749***	6.1764***	6.3224***
LOAR	1.1469***	0.9735***	0.9819***
Beta	-0.5788***	-0.7293***	-0.7195***
BM	-0.9532***	-0.9528***	-0.9539***
Duality	-0.1215*	-0.0971	-0.0804
Ind	0.1645***	0.1752***	0.1638***
Size	-0.3464***	-0.3714***	-0.3637***
Year dummy	Yes	Yes	Yes
Industry dummy	Yes	Yes	Yes
家族涉入			
FC		-0.3029	-0.2665
FM		-0.3696***	-0.3679***
信息透明度			
Transparency		-0.7472***	-0.7333***
调节变量			
Market			-0.0507***
交互项			
Transparency * Market			-0.3047***
Adjusted R^2	0.231	0.242	0.251
F-Value	95.71	77.07	67.47
N	2846	2846	2846

注：***，**，*分别为在1%，5%，10%的水平下显著相关。

6.3.4 内生性检验

本章是研究信息透明度对于家族涉入与企业价值的中介作用，故企业信息透明度的内生性问题就该进行检验。为了避免信息透明度对家族企业的企业价值的回归结果有偏差，与第四章、第五章一样，本书以信息透明度的中位数将样本分组，进行倾向得分匹配检验，表 6.4 的结果显示，匹配后所有协变量的标准化偏差小于 10%，变量的标准误差绝对值都大幅度减少，所有 t 检验的 p 值都大于 10%，可见协变量都通过了平衡性检验。

表 6.4　处理组与控制组平衡性假设检验

变量	样本	均值		标准误	标准误绝对	t 检验	
		处理组	控制组	(%)	值减少（%）	t 值	p 值
FC	未匹配	0.3982	0.3909	4.7	65.1	1.25	0.212
	匹配	0.3985	0.3959	1.0		0.44	0.660
FM	未匹配	0.8387	0.7371	25.0	98.7	6.71	0.000
	匹配	0.8386	0.8373	0.3		0.10	0.921
Market	未匹配	7.9564	7.7912	10.4	90.8	2.76	0.006
	匹配	7.9514	7.9362	1.0		0.27	0.788
EF	未匹配	0.2056	0.2808	-34.0	95.3	-9.05	0.000
	匹配	0.2021	0.2056	-1.6		-0.49	0.622
$R\&D_t$	未匹配	0.3689	0.3057	13.1	93.7	3.46	0.001
	匹配	0.0370	0.0374	-0.8		-0.20	0.839
LOAR	未匹配	0.4037	0.3927	5.4	64.7	1.44	0.150
	匹配	0.4024	0.3986	1.9		0.51	0.611
Duality	未匹配	0.3775	0.3749	0.5	-60.5	0.15	0.884
	匹配	0.3780	0.3593	-3.9		1.06	0.289
Ind	未匹配	0.5023	0.5175	-3.0	8.1	-0.81	0.417
	匹配	0.5026	0.5166	-2.8		-0.77	0.443
Size	未匹配	21.771	21.742	2.9	26.1	0.78	0.435
	匹配	21.762	21.786	-2.2		-0.59	0.558

表 6.5 为信息透明度对企业价值的倾向得分匹配估计结果，结果与基

准模型很接近，进一步验证了本书的结论。

表 6.5　　信息透明度对企业价值的倾向得分匹配回归估计结果

因变量类型	模型（1）	模型（2）	模型（3）	模型（4）	模型（5）	模型（6）	模型（7）	模型（8）
估计方法	一对一匹配	邻近匹配	卡尺匹配	半径匹配	核匹配	局部线性回归匹配	样条匹配	马氏匹配
未匹配	-1.0027*** (0.001)	-1.0027*** (0.001)	-1.0027*** (0.001)	-1.0027*** (0.001)	-1.0027*** (0.001)	-1.0027*** (0.001)	-1.0027*** (0.001)	-1.0027*** (0.001)
ATT	-0.0052*** (0.021)	-0.0028** (0.031)	-0.0078*** (0.006)	-0.0077*** (0.001)	-0.0707*** (0.000)	-0.0097*** (0.000)	-0.0076*** (0.000)	-0.0025*** (0.004)
ATU	-0.0027** (0.006)	-0.0032** (0.003)	-0.0032*** (0.003)	-0.0033*** (0.005)	-0.0206*** (0.001)	-0.0023*** (0.007)	-0.0052*** (0.005)	-0.0039*** (0.000)
ATE	-0.0016*** (0.031)	-0.0029*** (0.002)	-0.0021*** (0.001)	-0.0065*** (0.001)	-0.0723*** (0.001)	-0.0036*** (0.001)	-0.0037*** (0.017)	-0.0073*** (0.001)
观测值	2846	2846	2846	2846	2846	2846	2846	2846

注：***，**，*分别为在1%，5%，10%的水平下显著相关。

6.3.5　稳健性检验

为了保证以上结论的稳定性，本书用以下方法进行稳健性检验。

考虑到本书采用 Tobin Q 作为解释企业价值可能会有局限性，为避免单一指标的随机性检验误差，本章进一步选取资产收益率（ROA）作为企业价值的替代性变量，从而保证检验结果的稳定性。

检验结果见表 6.6，从表 6.6 的稳健性结果看出，结果得出的显著程度会略有不同，但符号方向并没有发生变化，本书的研究结论得到了有效的支持。从稳健性检验的结果本书还看出，企业的创新投入（R&D）与资产收益率（ROA）并不相关。企业的资产收益率（ROA）代表了企业的短期绩效，可见由于创新投资项目具有研发周期长、风险性高和滞后性等特征，创新投入（R&D）对企业现阶段的绩效不会产生显著影响，但会对象征企业成长性绩效的 Tobin Q 值产生显著影响。说明虽然创新投入在短期内对企业价值的作用并不明显，但却对企业的长远发展起到很重要的作用。

表 6.6　　中介作用的稳健性检验

被解释变量	(1) 因变量 ROA	(2) 中介变量 Transparency	(3) 因变量 ROA	(4) 因变量 ROA	(5) 中介变量 Transparency	(6) 因变量 ROA
控制变量						
EF	-0.3017***	-0.0301**	-0.0288***	-0.0321***	-0.0411***	-0.0302***
$R\&D_t$	-0.0071	0.1058*	-0.0116	-0.0231	0.0183	-0.0239
LOAR	-0.1144***	-0.0782***	-0.1111***	-0.1161***	-0.0871***	-0.1118***
Beta	-0.0066	-0.2041***	0.0022	-0.0075	-0.2092***	0.0025
BM	-0.0115***	0.0162***	-0.0122***	-0.0112***	0.0179***	-0.0121***
Duality	-0.0021	0.0068	-0.0023	-0.0021	0.0069	-0.0023
Ind	0.0005	-0.0076	0.0009	0.0008	-0.0063	0.0011
Size	0.0224***	-0.0655***	0.0253***	0.0233***	-0.0001***	0.0263***
Year dummy	Yes	Yes	Yes	Yes	Yes	Yes
Industry dummy	Yes	Yes	Yes	Yes	Yes	Yes
家族涉入						
FC	-0.0399***	0.2204***	-0.0303***			
FM				0.0093***	0.0392***	-0.0069***
中介变量						
Transparency			-0.0435***			-0.0483***
Adjusted R^2	0.197	0.271	0.207	0.191	0.244	0.204
F - Value	77.42	116.82	74.21	74.41	101.85	72.67
N	2846	2846	2846	2846	2846	2846

注：***，**，*分别为在1%，5%，10%的水平下显著相关。

6.4 本章结论

本章以社会情感财富理论为基础，将企业的创新结果（企业价值）作为切入点，研究家族企业的家族涉入与企业价值之间的关系，重点分析了信息透明度的中介作用和市场化程度的调节效应。基于以上的实证分析，本章的大部分研究假设得到了验证，具体的验证结果见表6.7。

表 6.7　　　　研究假设验证情况汇总表

	研究假设	是否验证
假设 1a	家族控制权与企业价值呈显著正相关关系	否
假设 1b	家族控制权与企业价值呈显著负相关关系	是
假设 2a	家族管理权与企业价值呈显著正相关关系	否
假设 2b	家族管理权与企业价值呈显著负相关关系	是
假设 3	家族涉入会通过信息透明度的中介作用对企业价值产生影响	是
假设 3a	家族控制权通过信息透明度的中介作用对企业价值产生影响	是
假设 3b	家族管理权通过信息透明度的中介作用对企业价值产生影响	是
假设 4	市场化程度会正向调节信息透明度与企业价值的关系	是

本章的主要结论是：第一，家族控制权对企业价值具有显著负相关作用，信息透明度在家族控制权与企业价值之间具有中介作用；家族管理权对企业价值具有显著负相关作用，信息透明度在家族管理权与企业价值之间具有中介作用。

可见家族对企业的控制与管理是家族 SEW 的核心内容。家族企业对 SEW 的过分追求会影响企业发展的关系惯性，过分强调家族控制会导致企业发展的保守主义和短视行为的发生，这就会给企业价值带来消极影响。而信息透明度在家族涉入与企业价值之间负相关的中介作用说明即使家族企业愿意进行信息披露，但由于家族企业信息披露结构的不合理，以及披露内容缺乏实质的信息含量，导致即使通过信息透明度的中介作用，家族涉入仍会对企业价值产生消极作用。说明由于目前我国对民营企业监管制度的不完善，法律对外部投资者的保护力度有所欠缺，家族控股股东为了家族的利益，必然会影响企业信息披露内容的完整和真实性，家族会扩大对自己有利的信息，隐藏对其不利的交易信息。

此外，家族控股股东为了建立 SEW 中的家族帝国，会更追求家族在企业中绝对的控制权。家族控股股东会更希望能保证家族利益的想法得以长期实施，但这些计划并不一定会与外部股东的利益一致。为了避免家族计划受到外部干扰，家族控股股东可能会延迟或限制一些不利信息的披露。但外部投资者会通过媒体等多种渠道了解企业信息，而外部投资者对负面信息会表现强烈的反应，最终引发企业价值的降低。

第二，市场化程度会正向调节信息透明度与企业价值之间的负向作用，即在市场化程度越高的地区，信息透明度对企业价值的负向作用可以得到缓解。说明随着市场化程度的提高、法律监管制度的完善，企业外部环境的信息渠道更多样化和市场监管更有效，这样就能抑制企业控制者和管理者的机会主义，从而能缓解家族企业进行信息披露对经济绩效的不良信息作用，而在市场程度较弱的地区，市场缺乏有效监督，会导致信息披露对企业经济绩效不良信息作用的放大。

第七章

结论、启示与展望

本书深入探究了家族企业的家族涉入与企业创新活动之间的关系，构建了家族涉入对企业创新活动的影响机制模型，并对模型进行了实证分析。而对于企业创新活动，则遵循创新过程的“外部融资——创新投入——企业价值”的三个递推阶段。本章对本书的主要结果进行了总结分析，在此基础上，根据研究结果对家族企业的创新活动提出启示和建议。最后，指出了本书的研究局限以及未来的研究方向。

7.1 结论

民营企业越来越成为推动我国经济发展的支柱力量。而我国的民营企业主要是由企业创始人在改革开放初期创立并发展起来的，这些企业大多为家族企业，由企业主或其家族直接经营管理。但一直以来，对于家族企业的研究中，家族涉入的异质性对企业创新活动的影响，研究结论并不一致。与此同时，企业是嵌套于社会环境中的，在我国市场化发展不均衡的背景下，企业的创新活动会受到外部市场环境的影响。

因此，基于社会情感财富理论，本书以中国上市家族企业为研究对象，分析了家族涉入、信息透明度与企业创新活动之间的关系。在展开研究之前，本书对家族企业现阶段的研究热点和趋势进行了分析，以更科学的方法来确定本书的研究方向。在实证检验部分，本书以 2013 - 2017 年中国上市家族企业为样本，采用 CSMAR 数据库和手工搜索确定本书的数据进行面板回归分析。本书遵循创新过程中的“创新资金来源（外部融资）——创新活动决策（创新投入）——创新决策结果（企业价值）”，构建企业创新活动的三阶段递推模型，梳理创新过程这三者之间的关系。在此基础上，本书分别分析了家族涉入对创新资金来源、创新活动决策和创新决策结果的直接影响，信息透明度的中介作用，以及外部市场环境对其的调节作用。本书的主要结论如下：

1. 创新资金来源（外部融资）——创新活动决策（创新投入）——创新决策结果（企业价值）三者的关系

家族企业的外部融资会对企业的创新投入产生负向作用，企业的创新投入会对企业价值产生负向作用。外部融资的涌入会对家族企业的创新投入产生制约作用。对社会情感财富目标的追求是家族企业不同于非家族企业的最大特征，由于创新活动的长期性和不确定性，需要企业有大量和长期的资金投入，但家族企业内部一般很少能保证创新活动需要的资金来源，因此需要从外部获取更多的资金保证创新活动的顺利进行。但对外部资金的依赖（特别是股权融资），会稀释家族企业对企业的控制权。但外部投资者更关注企业的短期收益和红利，外部资金的涌入会阻碍企业创新活动的进行。

此外，家族企业的创新投入会对企业价值产生制约作用。企业的创新投入只有为企业创造利益才能真正成为创新活动成果的转化。创新投入不仅仅需要资金的支持，更需要大量的专业技术人员才能保证创新成果的转化。但具有专业技术的非家族成员加入高管团队时，家族与非家族成员由于目标的不一致，他们之间的代理冲突会加剧，创新活动为企业价值所有产生的价值就会降低。

2. 家族涉入对企业创新活动的直接作用

本书从家族控制权和家族管理权两种方式来衡量家族涉入。基于社会情感财富理论，家族以不同方式渗透企业，会使家族成员在企业中形成独特的身份位置。这些都对企业的创新过程的三个阶段产生不同的影响。

其中，对于创新过程的资金来源（外部融资）阶段，家族控制权和管理权都会对企业的外部融资产生显著的负向作用。家族在进行外部融资的过程，会对融资的风险、企业愿意承担的风险进行匹配，这对于家族保有社会情感财富必然是一种挑战。对于参与企业控股和管理的家族成员会背负更多的社会情感财富责任，外部融资意味着家族成员对企业控制丧失的概率加大，更严重的会对家族社会地位和企业传承产生损害，而对于控制权的掌控和对企业传承的追求，会使企业趋于规避风险。

而对于创新过程的创新决策（创新投入）过程，家族控制权对创新投入有显著的正向作用，而家族管理权对企业创新投入有显著的负向作用。从本书的结果看出，家族控股股东会认为不进行创新投入会将企业置于更大的危险之中，故家族控股股东会更倾向于支持企业进行创新投入，但当家族成员参与企业实际管理时，会更直接参与对创新活动的决策中，面对创新活动的风险损失，会更采取保守的策略，这就会对企业创新决策产生负向影响。

对于创新过程的决策结果（企业价值）阶段，家族控制权和管理权都会对企业价值有显著的负向作用。家族对企业的控制与管理是家族追求社会情感财富的核心内容。家族企业对社会情感财富的过分追求会影响企业发展的关系惯性，过分强调家族控制会导致企业发展的保守主义和短视行为的发生，这就会给企业价值带来消极影响。可见对于家族企业而言，非经济社会情感财富目标与企业经济目标的冲突在本书得到印证。

3. 信息透明度对家族涉入与企业创新活动关系的中介作用

从本书的结论可以看出，对于创新过程的资金来源（外部融资）阶段，信息透明度在家族控制权与外部融资之间具有完全中介作用，信息透明度在家族管理权与外部融资之间具有部分中介作用。对于创新过程的创新决策（创新投入）阶段，信息透明度在家族控制权与创新投入之间不具有中介作用，信息透明度在家族管理权与创新投入之间具有部分中介作用。对于创新过程的决策结果（企业价值）阶段，信息透明度在家族控制权与企业价值之间具有中介作用，信息透明度在家族管理权与企业价值之间具有中介作用。从结果看出，信息透明度对家族涉入与创新过程的资金来源和决策结果这两个阶段都存在中介作用。家族成员参与企业控制和管理时，会通过信息披露将企业的各种信息传递给外部投资者，让外部投资者对企业的创新活动有更明确的判断，从而帮助企业创新过程中的资金来源，创新决策和创新决策结果的顺利进行。

但与本书预期不一致的地方是，信息透明度在家族控制权与创新投入不具有中介作用，信息透明度在家族管理权与创新投入之间具有部分中介作用。可见，在进行研发投入时，对企业创新投资决策起决定性作用的是位于执行层的管理者而非控股股东。管理者会直接参与到企业的创新投资项目，对创新投资的风险、收益会有更加全面、客观的了解和判断。与此同时，管理者作为创新投资的决策者，当企业信息透明度强时，外部投资者才能了解和监督管理层的创新投资行为，从而抑制家族成员为个人谋取私利的动机，这样就增强了管理者对企业创新投资的积极作用。

4. 市场化程度对家族涉入、信息透明度与企业创新活动的调节作用

我国的经济市场正处于转型时期，市场化进程在整体推进时，各地区发展程度的不平衡会对家族企业的信息披露意愿以及企业创新决策产生影响。故本书研究了市场化程度对“家族涉入——信息透明度”以及“信息透明度——创新活动”的调节作用。

其中，市场化程度可以正向调节家族涉入与信息披露的关系，说明当企业所处地区的市场化程度越高，企业与外部资本市场之间的契约环境越好，家族企业更愿意进行信息披露。对于创新活动过程的三个阶段，创新资金来源（外部融资）——创新活动决策（创新投入）——创新决策结果（企业价值），市场化程度会正向调节信息透明度与创新活动的这三个阶段。在市场化程度较高的地区，企业外部的相关法律法规相对更完善，市场机制可以得到高效的发挥。此外，在这种地区，对投资者利益保护的法制体系更完善，特别对股东和债权人的私人诉讼条款更规范。公司更容易从外部获得各种融资，从而可以帮助企业缓解企业内部资金不足产生的创新压力，提高企业创新的积极性。

7.2　研究启示

本书的研究具有很强的现实意义。民营企业对于中国现行经济发展的作用不言而喻，而家族企业是民营企业的重要组成部分。但目前我国民营企业特别是家族企业的经济增长模式更多的依赖资源消耗和廉价劳动力的投入，这种发展模式很难满足企业的长期发展。华为的崛起用事实证实了持续专注研发、拥有核心竞争力是影响企业发展的重要因素。但整体上，

我国民营企业的研发投资力度还是相对较弱。那到底是什么造成家族企业这种畏难情绪呢？本书实证研究发现，家族控制权和管理权的过多涉入会阻碍企业的创新决策，但这种消极作用在市场环境较为完善的地区会得到有效的缓解。家族涉入会影响企业信息披露的愿意，企业信息披露可以为家族与外部建立良好的沟通桥梁，帮助企业进行创新活动。

本书的研究结论对于家族企业健康长久进行企业创新活动，可以从以下几个方面对提出一些启示。

1. 家族企业在创新决策过程中应该正确和理性的看待外部融资对创新投资的作用

创新投资的持续性需要大量资金源源不断的维持，民营企业大多很难通过内部资金这一单一渠道保证创新投资的全部需求。外部融资成为企业获得创新投资资金的重要渠道。但外部资金的大量涌入，就能确保创新投资的顺利进行吗？从本书的研究结果看出，答案是否定的。外部资金的涌入也意味着监管和外部投资者干预的增加，家族企业很难再完全按照自己的方向进行研发投资。同时，企业需要定期向外部投资者汇报企业的发展状况，但创新投资在转化为成果之前，出于对研发的保密，企业很难向外部投资者解释创新活动的进展情况。此外，正如本书递归模型的结果所示，外部资金会对企业的创新投入产生负向影响，进而使创新投入对企业价值产生负向影响。可见，只有保证外部资金可以用于企业的创新投资，并且家族企业主可以对创新活动的投资方向和投资力度有话语权，才能保证创新投资过程的顺利进行，否则创新投资在转化为成果为企业产生价值的过程中会受到太多外部因素的干扰。而创新投资若不能为企业产生价值，即使研发的方向再正确，也意味着创新投资的失败。可见，家族企业在进行创新决策前，应该对创新投资的成本与企业内部资金的情况进行有效的评判，保证家族企业主对创新决策控制权的同时，适当持续地吸收外部资金。

2. 家族应该正确认识对控制权与管理权的掌控

在机遇与挑战并存的竞争环境中，我国家族企业应该充分意识到家族控制权对企业创新活动的负向作用，借此重新审视为了保护社会情感财富，家族企业是否值得一味地掌控企业的控制权，是否应该有过多的家族成员参与企业管理？家族成员过多的参与控股和管理可能会加剧企业经济与非经济目标的冲突，同时家族成员胜任力的问题也会凸显出来，为了企业的长久发展，家族控股股东应该平衡好家族非经济目标与企业经济发展之间的矛盾，理性的吸纳专业的职业经理人，在保证家族控制企业方向的同时，利用专业的外部人力资源提升企业的经营运作水平。

家族企业可以通过保证家族股权和在管理层增加技术性职业经理人并行的方式来提升企业的创新水平。根据本书的研究结果显示，家族控股股东更愿意进行创新投资，但家族成员参与企业管理却会降低企业创新投入的愿意和力度，可见在进行创新决策时，很少有家族成员在担任高管时具有完备的创新方面专业性知识，很难对创新投资的风险进行评估和分析，故对创新投资决策会报有抵触的态度。因此，在保证家族对企业决策权把控的同时，应该多补充外部专业技术人力的引进，提升企业创新决策的管理和风险把控水平。在创新投资的较长周期中，专业性的解决创新过程中遇到的各种问题，保证创新投资决策成果的转化，提升企业长期的经济绩效。

3. 信息披露是资本市场的重要组成部分

家族企业复杂的控制结构是影响企业信息披露的重要因素。信息披露可以向外部投资者释放信息，但家族企业不能通过简单的信息披露来解决企业的外部融资问题，更应该从企业的内部治理入手，主动正视追求家族社会情感财富可能存在的“阴暗面”。在关注家族成员利益的同时，更应该追求包含其他利益相关者利益的泛化的社会情感财富。因而，对于家族企业，企业内部更应该建立健全企业制度，通过制度的约束来有效减小家族控股股东与外部中小股东之间矛盾。家族成员应该规范信息披露，从而保证企业的创新活动的顺利进行。

信息披露是防止家族控股股东侵占外部利益相关者的关键一环。因此，对于政府，政府可以进一步加强有关民营企业的法律和制度的建设，规范企业信息披露制度，从而加强对外部投资者的保护。对于企业治理信息的披露方面，应该加强对企业控股股东信息披露的要求；例如十大流通股东中的亲属关系，独立董事的履职情况以及企业对高管的考核和激励机制等信息；而对于企业的财务信息，可以强化企业盈利预测信息强制性披露的要求。同时，将信息披露的违规惩治力度做出详细规定，通过这些规定和约束，使企业愿意通过信息披露公平对待利益相关者，保证外部利益相关者可以充分及时了解企业的相关信息。

此外，我国应该建立健全企业的信息透明度评价指标。目前我国较权威的信息透明度指标是深交所建立的信息披露的分级评价，但该项指标只适合于深交所上市的企业，且该指标只是一个分级指标，对企业信息披露的衡量缺乏准确性。随着我国资本市场对外部投资者相关利益的重视和保护，本书迫切需要有一套权威、科学的信息透明度指标的建立。

4. 在“家族涉入——信息透明度”与“信息透明度——创新活动”的研究中，市场化程度对这两个过程的正向调节作用，说明政府应该注重外部市场环境质量的改善

可见政府可以通过一些举措来帮助民营企业的健康发展。

首先，政府可以通过政策支持、市场监管等方式缩小不同地区市场化之间的差距。目前我国现阶段市场化程度的不均衡是制约我国市场经济发展的主要因素。在市场化程度较高的地区，相关法律法规比较完善和健全，对民营企业的保护也更有力，能够对影响企业创新活动的行为进行保证，从而提高企业信息披露的愿意，促进企业创新活动的顺利进行。但在市场化程度较低的地区，市场对民营企业相关的法律保护制度较弱，企业可能会隐瞒和利用信息披露来满足自己的一己私利，这样会严重影响企业的创新活动。通过政府政策的制定和倾斜，帮助和完善市场化进程较低的地区的市场监管，保证市场化程度较低的地区的企业和外部投资者的利益。

其次，建立健全有关民营企业的相关法律法规，保证民营企业在市场竞争中可以被公平对待。由于民营企业在市场竞争中长期处于劣势地位，对市场的长效性没有安全感，这就造成很多民营企业只愿采取短视的态度保证眼前的利益，对有利于企业长远发展的战略决策始终保持规避的态度。在健全民营企业的制度过程中，政府官员应该加强与企业沟通者的联系，了解企业在创新过程中的实际困难，以援助的心态不断完善民营企业的政策法规。在此基础上，政府应当明确民营企业发展过程中自己的职责所在，减少政府对市场的干预，使民营企业对市场更有信心和安全感。民营企业特别是家族企业对企业决策首要的考虑就是家族社会情感财富的保证，政府还可以出台对民营企业企业主和其家族私有财产的保护政策，减轻企业主在决策企业发展时的后顾之忧。

最后，政府与监管机构应该加强产权保护和政策预期的稳定性。目前我国对于信息披露的监管并没有制定详细的规则，这样就很可能导致企业在进行财务报表的信息披露时投机取巧，加剧民营企业与外部投资者之间的信息不对称。我国政府和相关部门应该制定长期有效的制度，缓解企业对政策朝令夕改的印象，更有动力将企业的发展规划进行披露，增强家族企业与外部投资者之间的信任，同时加强家族企业对外部市场环境的安全度，缓解家族企业进行创新活动时风险厌恶的偏好，保证家族创新投资的顺利进行。

7.3　研究局限与展望

7.3.1　研究局限

家族企业创新活动的研究并不是一个全新的研究领域。本书基于社会情感财富理论，从信息披露的视角揭示了家族涉入对企业创新活动的影响，但由于各种条件的约束，本书还存在很多的局限：

（1）在研究家族涉入与创新活动的过程中，本书分析了信息透明度的中介作用。但信息透明度指标是由预测分析师人数、预测每股收益偏差以及企业的股票的买卖价差、交易量这四个指标构成。这些指标都是用于衡量企业的财务信息的披露情况，但企业信息透明度的提高不只来自企业财务信息的披露，企业非财务信息的披露，例如企业社会责任信息、企业发展规划等同样有助于外部投资者了解企业的发展状况，有效缓解家族与外部投资者之间的利益冲突。

（2）本书在对家族企业界定时，主要参照了之前学者的界定方式，从控制权和管理权进行界定。但对于中国的家族企业，“家文化”“泛家族”等传统对人心理的影响之久之深是其他国家难以比拟的，在定义家族企业时若缺乏“家文化”的影响，家族企业的研究是不完整的。

（3）对于家族涉入的异质性，本书只研究了家族控制权和家族管理权的涉入对企业创新活动各个阶段的影响，但家族不仅会以控制权和管理权的方式涉入企业还可能通过进入董事会等方式参与企业的经营管理，后续作者会深入探究家族不同的参与方式对企业创新活动的影响。而且家族内部存在不同的亲缘关系，不同家族成员参与企业治理时，目标有一致但也会有差异，这种差异会使不同家族成员对企业治理产生不同的影响。

（4）在研究市场化程度对家族涉入与企业创新活动的调节作用时，本书是采用樊纲等编写的《中国市场化指数——各地区市场化相对进程 2016 年报告》中“中国各地区市场化指数”作为市场化进程的替代变量，但此变量是以企业所处省份的市场化程度进行计量。但即使在同一地区，企业对市场的反应和敏感程度还是会有差异，故仅以区域来衡量不同企业的市场化程度还不够准确。

（5）本书将样本局限于家族企业，只研究了家族企业中家族涉入的异质性程度对企业创新活动的影响。但是为了更深入全面了解家族涉入的异质性对企业活动的影响，还应该对比家族企业与非家族企业在进行创新活动时的决策，这样才能更好地理解家族特征。

（6）社会情感财富理论对家族企业的理论意义已经得到学者们的认可和重视。本书对社会情感财富的研究还处于理论阶段，只对社会情感财富理论进行了维度划分，从理论的角度分析家族企业在进行战略决策时会将社会情感财富作为其决策的依据。目前已经有学者开始对社会情感财富进行具体的指标划分和测量，对社会情感财富进行定量化的分类评价才能更好地理解社会情感财富对企业战略决策的意义和作用。

7.3.2 研究展望

本书是以中国上市家族企业为研究对象，基于社会情感财富理论对家族涉入、信息透明度与企业创新活动之间的关系进行了实证研究。但总体来看，本书在研究上还存在很多局限，还需要在未来的研究中进行弥补和重视。

1. 对比研究家族企业与非家族企业在创新活动的差异

本书以家族企业为样本，研究了家族企业控制权异质性对创新活动的影响。而家族企业与非家族企业最大的区别是以家族涉入为主要特征，而在有非家族企业样本对比时，家族企业家族涉入对企业各项决策的影响才更有说服力。若能将家族企业与非家族企业进行对比分析，家族涉入异质性的研究结果才能更加稳健。但本书更集中于研究家族企业内部的异质性，后续作者将进一步研究家族企业与非家族企业在创新活动过程中的差异，以及信息披露在企业创新活动过程中是否会起到不同的作用。

2. 家族不同涉入方式是否会对企业的创新活动产生不同的影响

本书只研究了家族控制权涉入和管理权涉入对企业创新投入的影响，但家族不仅会以控制权和管理权涉入企业还可能通过进入董事会等方式参与企业的经营管理。此外，家族二代涉入是家族企业区别于非家族企业一个重要特征。本书的研究结论看出，家族参与控股或实际参与管理都会对企业的创新决策产生不同影响，而由于企业的创始人与接班人有着不同的教育背景和人生经历，其对企业的发展规划和创新决策会有不同的态度，后续作者会深入探究家族不同的涉入方式，以及二代涉入对企业创新活动的影响。

3. 除了通过财务信息披露，家族涉入能否通过社会责任信息披露影响企业的创新活动

在研究家族涉入与企业创新活动的过程中，本书分析了信息透明度的中介作用。其中信息透明度指标更侧重于企业财务信息的构建，但除了财务指标的披露，企业的社会责任信息（非财务信息）同样有助于企业与外部投资者建立良好的关系。在我国民营企业发展到现阶段，企业不再一味追求财务指标的增长，我国的很多民营企业开始意识到承担社会责任对企业长久发展的重要作用。后续作者还将尝试探讨社会责任信息对家族涉入与外部融资、创新投入与企业价值关系的影响。

参考文献

[1] Keline. Gersick. 家族企业的繁衍：家庭企业的生命周期 [M]. 经济日报出版社，1998.

[2] Chen H, Hsu W. Family Ownership, Board Independence, and R&D Investment [J]. Family Business Review, 2009, 22 (4): 347 – 362.

[3] Chrisman J J, Patel P C. Variations in R&D investments of family and nonfamily firms: behavioral agency and myopic loss aversion perspectives [J]. Academy of Management Journal, 2012, 55 (4): 976 – 997.

[4] 陈凌，吴炳德．市场化水平、教育程度和家族企业研发投资 [J]. 科研管理，2014，35 (7)：44 – 50.

[5] 吴炳德，陈凌．社会情感财富与研发投资组合：家族治理的影响 [J]. 科学学研究，2014，32 (8)：1233 – 1241.

[6] 蔡地，万迪昉，罗进辉．产权保护、融资约束与民营企业研发投入 [J]. 研究与发展管理，2012，24 (2)：85 – 93.

[7] Xie X, Zeng S, Peng Y, et al. What affects the innovation performance of small and medium – sized enterprises in China? [J]. Innovation, 2013, 15 (3): 271 – 286.

[8] 聂辉华，谭松涛，王宇锋．创新、企业规模和市场竞争：基于中国企业层面的面板数据分析 [J]. 世界经济，2008，31 (7)：57 – 66.

[9] Ping L, Saggi K. Product differentiation, process R&D, and the nature of market competition [J]. European Economic Review, 2002, 46 (1): 201 – 211.

[10] Wu J. Technological collaboration in product innovation: The role of market competition and sectoral technological intensity [J]. Research Policy,

2012, 41 (2): 489 - 496.

[11] 陈爽英, 井润田, 龙小宁. 民营企业家社会关系资本对研发投资决策影响的实证研究 [J]. 管理世界, 2010, 196 (1): 88 - 97.

[12] Wong P K, Ho Y P, Autio E. Entrepreneurship, Innovation and Economic Growth: Evidence from GEM data [J]. Small Business Economics, 2005, 24 (3): 335 - 350.

[13] 李春涛, 宋敏. 中国制造业企业的创新活动: 所有制和 CEO 激励的作用 [J]. 经济研究, 2010, 55 (5): 135 - 137.

[14] Fernández Z, Nieto M J. Impact of Ownership on the International Involvement of SMEs [J]. Journal of International Business Studies, 2006, 37 (3): 340 - 351.

[15] 闵亦杰, 陈志军, 李荣. 家族涉入与企业技术创新 [J]. 外国经济与管理, 2016, 38 (3): 86 - 98.

[16] Munari F, Oriani R, Sobrero M. The effects of owner identity and external governance systems on R&D investments: A study of Western European firms [J]. Research Policy, 2010, 39 (8): 1093 - 1104.

[17] 严若森, 叶云龙. 家族所有权、家族管理涉入与企业 R&D 投入水平——基于社会情感财富的分析视角 [J]. 经济管理, 2014, 36 (12): 51 - 61.

[18] Bushman R M, Piotroski J D, Smith A J. What determines corporate transparency? [J]. Journal of Accounting Research, 2004, 42 (2): 207 - 252.

[19] 袁东任, 汪炜. 信息披露与企业研发投入 [J]. 科研管理, 2015, 36 (11): 80 - 88.

[20] 张纯, 吕伟. 机构投资者、终极产权与融资约束 [J]. 管理世界, 2007, 23 (11): 119 - 126.

[21] Porta R L, Lopez - De - Silanes F, Shleifer A, et al. Investor protection and corporate governance [J]. Journal of Financial Economics, 2000, 58 (1 - 2): 3 - 27.

[22] Choi J J, Mao C X, Upadhyay A D. Corporate risk management under information asymmetry [J]. Journal of Business Finance & Accounting, 2013, 40 (1 - 2): 239 - 271.

[23] Edmans A. Blockholder Trading, Market Efficiency, and Managerial Myopia [J]. Journal of Finance, 2009, 64 (6): 2481 -2513.

[24] Schmid T, Achleitner A, Ampenberger M, et al. Family firms and R&D behavior - new evidence from a large - scale survey [J]. Research Policy, 2014, 43 (1): 233 -244.

[25] Easley D, O'hara M. Information and the Cost of Capital [J]. Journal of Finance, 2004, 59 (4): 1553 -1583.

[26] Chen C J P, Jaggi B. Association between independent non - executive directors, family control and financial disclosures in Hong Kong [J]. Journal of Accounting & Public Policy, 2000, 19 (4): 285 -310.

[27] 杨兴全，张丽平，陈旭东．市场化进程与现金股利政策：治理效应抑或缓解融资约束？[J]．经济与管理研究，2014，35 (5)：76 -84.

[28] Chua J H, Chrisman J J, Sharma P. Defining the Family Business by Behavior [J]. Entrepreneurship Theory & Practice, 1999 (23): 113 -130.

[29] Chrisman J J, Chua J H, Sharma P. Trends and Directions in the Development of a Strategic Management Theory of the Family Firm [J]. Entrepreneurship Theory & Practice, 2005, 29 (5): 555 -576.

[30] Anderson R C, Mansi S A, Reeb D M. Founding family ownership and the agency cost of debt [J]. Journal of Financial Economics, 2003, 68 (2): 263 -285.

[31] Miller D, Breton - Miller I L. Family Governance and Firm Performance: Agency, Stewardship, and Capabilities [J]. Family Business Review, 2006, 19 (1): 73 -87.

[32] 潘必胜．乡镇企业中的家族经营问题——兼论家族企业在中国的历史命运 [J]．中国农村观察，1998 (1)：14 -20.

[33] 储小平．华人家族企业的界定 [J]．经济理论与经济管理，2004，24 (1)：49 -53.

[34] Davis J A, Tagiuri R. The Influence of Life Stage on Father - Son Work Relationships in Family Companies [J]. Family Business Review, 1989, 2 (1): 47 -74.

[35] Litz R A. The Family Business: Toward Definitional Clarity [J].

Family Business Review, 1995, 8 (2): 71 - 81.

[36] 窦军生，贾生华. 家族企业界定方法评述 [J]. 外国经济与管理，2004, 26 (9): 21 - 24.

[37] Chrisman J J, Chua J H, Litz R A. Comparing the Agency Costs of Family and Non - Family Firms: Conceptual Issues and Exploratory Evidence [J]. Entrepreneurship Theory & Practice, 2004, 28 (4): 335 - 354.

[38] Cebra J J, Craig S W, Jones P P. An introduction to theories of family business [J]. Journal of Business Venturing, 2003, 18 (4): 441 - 448.

[39] Davis J H, Allen M R, Hayes H D. Is Blood Thicker Than Water? A Study of Stewardship Perceptions in Family Business [J]. Entrepreneurship Theory & Practice, 2010, 34 (6): 1093 - 1116.

[40] 谷祺，邓德强，路倩. 现金流权与控制权分离下的公司价值——基于我国家族上市公司的实证研究 [J]. 会计研究，2006, 27 (4): 30 - 36.

[41] 窦军生，李生校，邬家瑛. "家和" 真能 "万事" 兴吗？——基于企业家默会知识代际转移视角的一个实证检验 [J]. 管理世界，2009, 25 (1): 108 - 120.

[42] 苏启林，朱文. 上市公司家族控制与企业价值 [J]. 经济研究，2003, 49 (8): 36 - 45.

[43] 贺小刚，连燕玲. 家族权威与企业价值：基于家族上市公司的实证研究 [J]. 经济研究，2009, 55 (4): 90 - 102.

[44] Chrisman J J, Chua J H, Pearson A W, et al. Family Involvement, Family Influence, and Family - Centered Non - Economic Goals in Small Firms [J]. Entrepreneurship Theory and Practice, 2012, 36 (2): 267 - 293.

[45] Sciascia S, Mazzola P. Family Involvement in Ownership and Management: Exploring Nonlinear Effects on Performance [J]. Family Business Review, 2008, 21 (4): 331 - 345.

[46] Songini L, Gnan L. Family Involvement and Agency Cost Control Mechanisms in Family Small and Medium - Sized Enterprises [J]. Journal of Small Business Management, 2015, 53 (3): 748 - 779.

[47] 杨学儒，李新春. 家族涉入指数的构建与测量研究 [J]. 中国

工业经济，2009（5）：97－107.

［48］李新春，任丽霞．民营企业的家族意图与家族治理行为研究［J］．中山大学学报（社会科学版），2004，44（6）：239－248.

［49］陈建林．家族企业绩效研究分歧及其整合［J］．外国经济与管理，2008，30（9）：34－39.

［50］Anderson R C，Duru A，Reeb D M. Founders，heirs，and corporate opacity in the United States［J］. Journal of Financial Economics，2009，92（2）：205－222.

［51］Zellweger T M，Astrachan J H. On the Emotional Value of Owning a Firm［J］. Family Business Review，2008，21（4）：347－363.

［52］Bushman R M，Smith A J. Transparency，Financial Accounting Information，and Corporate Governance［J］. Social Science Electronic Publishing，2003，32（1－3）：237－333.

［53］于健南．家族企业董事会治理、信息透明度与企业价值［D］．暨南大学，2009.

［54］张程睿，王华．公司信息透明度：经验研究与未来展望［J］．会计研究，2006，27（12）：54－60.

［55］Nowland J. Are east asian companies benefiting from western board practices?［J］. Journal of Business Ethics，2008，79（1－2）：133－150.

［56］Botosan C A，Plumlee M A，Yuan X. The Role of Information Precision in Determining the Cost of Equity Capital［J］. Review of Accounting Studies，2004，9（2－3）：233－259.

［57］Lo Andrew w，Mamaysky H，Wang J. Asset prices and trading volume under fixed transactions costs［J］. Social Science Electronic Publishing，2004，112（5）：1054－1090.

［58］格利等．金融理论中的货币［M］．上海三联出版社，1988：319.

［59］程新生，谭有超，刘建梅．非财务信息、外部融资与投资效率——基于外部制度约束的研究［J］．管理世界，2012，（7）：137－150.

［60］杨晔，王鹏，李怡虹．财政补贴对企业研发投入和绩效的影响研究——来自中国创业板上市公司的经验证据［J］．财经论丛（浙江财经

大学学报)，2015，31（1）：24 -31.

[61] Zunigavicente J A，Alonsoborrego C，Forcadell F J，et al. ASSESSING THE EFFECT OF PUBLIC SUBSIDIES ON FIRM R&D INVESTMENT：A SURVEY [J]. Journal of Economic Surveys，2014，28（1）：36 -67.

[62] 朱晋伟，梅静娴．不同规模企业间创新绩效影响因素比较研究——基于面板数据半参数模型 [J]. 科学学与科学技术管理，2015，36（2）：83 -91.

[63] Tierney P，Farmer S M. Creative Self - Efficacy：Its Potential Antecedents and Relationship to Creative Performance [J]. Academy of Management Journal，2002，45（6）：1137 -1148.

[64] Hagedoorn J，Cloodt M M. Measuring innovative performance：is there an advantage in using multiple indicators? [J]. Research Policy，2003，32（8）：1365 -1379.

[65] 唐·埃思里奇．应用经济学研究方法论 [M]. 经济科学出版社，1998.

[66] 刘则渊．科学知识图谱：方法与应用 [M]. 人民出版社，2008.

[67] Scherer F M，Huh K. Top managers education and R&D investment [J]. Research Policy，1992，21（6）：507 -511.

[68] Kellermanns F W，Eddleston K A. A family perspective on when conflict benefits family firm performance [J]. Journal of Business Research，2007，60（10）：1048 -1057.

[69] Eddleston K A，Otondo R F，Kellermanns F W. Conflict，Participative Decision - Making，and Generational Ownership Dispersion：A Multilevel Analysis [J]. Journal of Small Business Management，2008，46（3）：456 -484.

[70] Minola T，Brumana M，Campopiano G，et al. Corporate Venturing in Family Business：A Developmental Approach of the Enterprising Family [J]. Strategic Entrepreneurship Journal，2016，10（4）：395 -412.

[71] Revilla A J，Pérez - Luño A，Nieto M J. Does Family Involvement in Management Reduce the Risk of Business Failure? The Moderating Role of Entrepreneurial Orientation [J]. Family Business Review，2016，29（4）：365 -

379.

[72] Lee P M, O'neill H M. Ownership Structures and R&D Investments of U. S. and Japanese Firms: Agency and Stewardship Perspectives [J]. Academy of Management Journal, 2003, 46 (2): 212 - 225.

[73] Kellermanns F W, Eddleston K A. Corporate Entrepreneurship in Family Firms: A Family Perspective [J]. Entrepreneurship Theory & Practice, 2006, 30 (6): 809 - 830.

[74] 李新春，何轩，陈文婷. 战略创业与家族企业创业精神的传承——基于百年老字号李锦记的案例研究 [J]. 管理世界，2008，24 (10): 127 - 140.

[75] Schulze W S, Lubatkin M, Dino R N. Altruism, agency, and the competitiveness of family firms [J]. Managerial and Decision Economics, 2002 (23): 247 - 259.

[76] 刘汉民，王芳华. 不同实际控制人类型下股权结构与绩效的关系——来自中国817家上市家族企业的经验统计 [J]. 经济与管理研究，2016，37 (5): 98 - 104.

[77] 陈江，陈凌，杨祎婧. 组合创业影响家族企业成长的过程机制研究——基于浙江振石控股集团的案例探析 [J]. 科学学研究，2013，31 (5): 751 - 763.

[78] 涂玉龙，陈春花. 家族性、家族企业文化与家族企业绩效：机制与路径 [J]. 科研管理，2016，37 (8): 103 - 112.

[79] 魏春燕，陈磊. 家族企业CEO更换过程中的利他主义行为——基于资产减值的研究 [J]. 管理世界，2015，31 (3): 137 - 150.

[80] 李新春，陈灿. 家族企业的关系治理：一个探索性研究 [J]. 中山大学学报（社会科学版），2005，45 (6): 107 - 115.

[81] 陈倩倩，尹义华. 民营企业、制度环境与社会资本——来自上市家族企业的经验证据 [J]. 财经研究，2014，40 (11): 71 - 81.

[82] Peake W O, Cooper D, Fitzgerald M A, et al. Family Business Participation in Community Social Responsibility: The Moderating Effect of Gender [J]. Journal of Business Ethics, 2017, 142 (2): 325 - 343.

[83] Bennedsen M, Nielsen K M, Perezgonzalez F, et al. Inside the

Family Firm: The Role of Families in Succession Decisions and Performance [J]. Quarterly Journal of Economics, 2007, 122 (2): 647 - 691.

[84] Solomon A, Breunlin D, Panattoni K, et al. "Don't lock me out": life - story interviews of family business owners facing succession [J]. Family Process, 2011, 50 (2): 149 - 166.

[85] Gómez - Mejía L R, Haynes K T, Núñez - Nickel M, et al. Socio-emotional wealth and business risks in family - controlled firms: evidence from Spanish olive oil mills [J]. Administrative Science Quarterly, 2007, 52 (1): 106 - 137.

[86] Cennamo C, Berrone P, Cruz C, et al. Socioemotional Wealth and Proactive Stakeholder Engagement: Why Family - Controlled Firms Care More About Their Stakeholders [J]. Entrepreneurship Theory & Practice, 2012, 36 (6): 1153 - 1173.

[87] Broekaert W, Andries P, Debackere K. Innovation processes in family firms: the relevance of organizational flexibility [J]. Small Business Economics, 2016, 47 (3): 1 - 15.

[88] 陈凌，应丽芬．代际传承：家族企业继任管理和创新 [J]．管理世界，2003 (6): 89 - 97.

[89] 窦军生，王宁，张玲丽．家族涉入对企业多元化及其价值效应的影响研究 [J]．南方经济，2017 (3): 1 - 22.

[90] 周辉，朱晓林．家族企业代际传承中关系网络异化影响因素研究 [J]．科技进步与对策，2016，33 (8): 106 - 112.

[91] 周立新．家族企业创业导向与企业成长：社会情感财富与制度环境的调节作用 [J]．科技进步与对策，2018，35 (2): 90 - 95.

[92] Jensen M C, Meckling W H. Theory of the firm: Managerial behavior, agency costs and ownership structure [J]. Journal of Financial Economics, 1976, 3 (4): 305 - 360.

[93] 冯根福．双重委托代理理论：上市公司治理的另一种分析框架——兼论进一步完善中国上市公司治理的新思路 [J]．经济研究，2004，50 (12): 16 - 25.

[94] Makhija A K, John K. International Corporate Governance [J].

Journal of Financial & Quantitative Analysis, 2003, 38 (1): 1 -36.

[95] 王明琳，周生春．控制性家族类型、双重三层委托代理问题与企业价值［J］．管理世界，2006 (8): 83 -93.

[96] Dyer W G, Handler W C. Entrepreneurship and Family Business: Exploring the Connections [J]. Entrepreneurship Theory and Practice, 1994, 19 (1): 71 -84.

[97] 徐家凤．家族上市公司信息披露质量与盈余管理的相关性研究——金字塔股权结构的调节效应［D］．兰州大学，2016.

[98] 邵东伟．不对称信息下终极所有权结构与股利政策的关系研究［D］．中央财经大学，2017.

[99] 乔治·阿克洛夫．柠檬市场：质量的不确定性和市场机制［J］．经济导刊，2001，10 (6): 1 -8.

[100] 储移前．家族企业接收管理、控制权特征与会计信息透明度［D］．浙江工商大学，2017.

[101] Eisenhardt K M. Agency Theory: An Assessment and Review [J]. Academy of Management Review, 1989, 14 (1): 57 -74.

[102] Davis J H, Schoorman F D, Donaldson L. TOWARD A STEWARDSHIP THEORY OF MANAGEMENT [J]. Academy of Management Review, 1997, 22 (1): 20 -47.

[103] Donaldson L, Davis J H. Stewardship Theory or Agency Theory: CEO Governance and Shareholder Returns [J]. Australian Journal of Management, 1991, 16 (1): 49 -64.

[104] Donaldson T, Preston L E. The Stakeholder Theory of the Corporation: Concepts, Evidence, and Implications [J]. Academy of Management Review, 1995, 20 (1): 65 -91.

[105] 窦军生，张玲丽，王宁．社会情感财富框架的理论溯源与应用前沿追踪——基于家族企业研究视角［J］．外国经济与管理，2014，36 (12): 64 -71.

[106] Cohen W M, Levinthal D A. Absorptive capacity: A new perspective on learning and innovation [J]. Administrative Science Quarterly, 2000, 35 (1): 39 -67.

[107] Wang E C. Determinants of R&D investment: The Extreme – Bounds – Analysis approach applied to 26 OECD countries [J]. Research Policy, 2010, 39 (1): 103 – 116.

[108] 约瑟夫·熊彼特. 资本主义、社会主义与民主 [M]. 商务印书馆, 2009.

[109] Mansfield E. Composition of R and D Expenditures: Relationship to Size of Firm, Concentration, and Innovative Output [J]. Review of Economics & Statistics, 2001, 63 (63): 610 – 615.

[110] Chua J H, Chrisman J J, Sharma P. Defining the Family Business by Behavior [J]. Entrepreneurship Theory and Practice, 1999, 23 (4): 19 – 19.

[111] Gomezmejia L R, Cruz C, Berrone P, et al. The bind that yies: socioemotional wealth preservation in family firms [J]. The Academy of Management Annals, 2011, 5 (1): 653 – 707.

[112] 冯卫华. 我国家族企业融资难成因分析与对策研究 [D]. 吉林大学, 2009.

[113] Jensen M B, Meckling W H, Blomberg Jensen M, et al. Theory of the firm: managerial behavior, agency cost and ownership structure [J]. Social Science Electronic Publishing, 1976, 3 (4): 305 – 360.

[114] Anderson R C, Mansi S A, Reeb D M. Founding family ownership and the agency cost of debt [J]. Journal of Financial Economics, 2003, 68 (2): 263 – 285.

[115] 储小平. 家族企业研究: 一个具有现代意义的话题 [J]. 中国社会科学, 2000 (5): 51 – 58.

[116] Schulze W S, Lubatkin M H, Dino R N, et al. Agency Relationships in Family Firms: Theory and Evidence [J]. Organization Science, 2001, 12 (2): 99 – 116.

[117] 陈建林. 家族控制与民营企业债务融资: 促进效应还是阻碍效应? [J]. 财经研究, 2013, 39 (7): 27 – 37.

[118] 刘娅. 我国家族企业内源融资偏好问题研究 [D]. 北京工商大学, 2010.

[119] Hutchinson R W. The capital structure and investment decisions of the small owner – managed firm: Some exploratory issues [J]. Small Business Economics, 1995, 7 (3): 231 – 239.

[120] Howorth C A. Small firms' demand for finance [J]. International Small Business Journal, 2001.

[121] 储小平，李怀祖. 家族企业成长与社会资本的融合 [J]. 经济理论与经济管理，2003 (6): 45 – 51.

[122] 李广子，刘力. 债务融资成本与民营信贷歧视 [J]. 金融研究，2009, 52 (12): 137 – 150.

[123] Wang D. Founding Family Ownership and Earnings Quality [J]. Journal of Accounting Research, 2006, 44 (3): 619 – 656.

[124] Anderson R C, Duru A, Reeb D M. Founders, heirs, and corporate opacity in the United States ☆ [J]. Journal of Financial Economics, 2009, 92 (2): 205 – 222.

[125] 朱秀佳. 创始家族控制、信息披露质量与权益资本成本 [D]. 浙江工商大学，2012.

[126] De Massis A V, Frattini F, Lichtenthaler U. Research on Technological Innovation in Family Firms: Present Debates and Future Directions [J]. Family Business Review, 2013, 26 (1): 10 – 31.

[127] Habbershon T G, Williams M, Macmillan I C. A unified systems perspective of family firm performance [J]. Journal of Business Venturing, 2003, 18 (4): 451 – 465.

[128] Hall B H, Oriani R. Does the market value R&D investment by European firms? Evidence from a panel of manufacturing firms in France, Germany, and Italy [J]. International Journal of Industrial Organization, 2006, 24 (5): 971 – 993.

[129] Laverty K J. Economic "Short – Termism": The Debate, The Unresolved Issues, and The Implications for Management Practice and Research [J]. Academy of Management Review, 1996, 21 (3): 825 – 860.

[130] Ensley M D. Family Businesses Can Out – Compete: As Long as They Are Willing to Question the Chosen Path [J]. Entrepreneurship Theory

and Practice, 2006, 30 (6): 747 -754.

[131] 张远飞，贺小刚，连燕玲．“富则思安”吗？——基于中国民营上市公司的实证分析 [J]. 管理世界，2013 (7): 130 - 144.

[132] Wu S, Levitas E, Priem R L. CEO Tenure and Company Invention Under Differing Levels of Technological Dynamism [J]. Academy of Management Journal, 2005, 48 (5): 859 -873.

[133] Bretonmiller I L, Miller D. Why Do Some Family Businesses Out - Compete? Governance, Long - Term Orientations, and Sustainable Capability [J]. Entrepreneurship Theory and Practice, 2006, 30 (6): 731 -746.

[134] Bretonmiller I L, Miller D, Lester R H. Stewardship or Agency? A Social Embeddedness Reconciliation of Conduct and Performance in Public Family Businesses [J]. Organization Science, 2011, 22 (3): 704 -721.

[135] Miller D, Bretonmiller I L, Scholnick B. Stewardship vs. Stagnation: An Empirical Comparison of Small Family and Non - Family Businesses [J]. Journal of Management Studies, 2007, 45 (1): 51 -78.

[136] G T L, Brigham K H. Long - Term Orientation and Intertemporal Choice in Family Firms [J]. Entrepreneurship Theory & Practice, 2011, 35 (6): 1149 -1169.

[137] Gomezmejia L R, Cruz C, Berrone P, et al. The Bind That Ties: Socioemotional Wealth Preservation in Family Firms [J]. Academy of Management Annals, 2011, 5 (1): 653 -707.

[138] Miller D, Bretonmiller I L. Family Governance and Firm Performance: Agency, Stewardship, and Capabilities [J]. Family Business Review, 2006, 19 (1): 73 -87.

[139] Lubatkin M H, Schulze W S, Ling Y, et al. The Effects of Parental Altruism on the Governance of Family - Managed Firms [J]. Journal of Organizational Behavior, 2005, 26 (3): 313 -330.

[140] Schulze W S, Lubatkin M H, Dino R N. Toward a theory of agency and altruism in family firms [J]. Journal of Business Venturing, 2003, 18 (4): 473 -490.

[141] Gomez - Mejia L R, Larraza - Kintana M, Makri M. The Determi-

nants of Executive Compensation in Family – Controlled Public Corporations [J]. Academy of Management Journal, 2003, 46 (2): 226 – 237.

[142] Liang X, Wang L, Cui Z. Chinese private firms and internationalization: effects of family involvement in management and family ownership [J]. Family Business Review, 2013, 27 (2): 126 – 141.

[143] Sirmon D G, Hitt M A. Managing resources: linking unique resources, management, and wealth creation in family firms [J]. Entrepreneurship Theory & Practice, 2003, 27 (4): 339 – 358.

[144] Su W, Lee C Y. Effects of corporate governance on risk taking in Taiwanese family firms during institutional reform [J]. Asia Pacific Journal of Management, 2013, 30 (3): 809 – 828.

[145] 张玉明，李荣，闵亦杰．家族涉入、多元化战略与企业研发投资 [J]. 科技进步与对策，2015, 32 (23): 72 – 77.

[146] Andres C. Large shareholders and firm performance—An empirical examination of founding – family ownership [J]. Journal of Corporate Finance, 2008, 14 (4): 431 – 445.

[147] 叶银华．家族控股集团，核心企业与报酬互动之研究——台湾与香港证券市场之比较 [J]. 管理评论（中国台湾），1999 (2): 67.

[148] Westhead P, Cowling M, Howorth C. The Development of Family Companies: Management and Ownership Imperatives [J]. Family Business Review, 2010, 14 (4): 369 – 385.

[149] Sharma P, Manikutty S. Strategic Divestments in Family Firms: Role of Family Structure and Community Culture [J]. Entrepreneurship Theory & Practice, 2005, 29 (3): 293 – 311.

[150] Micelotta E R, Raynard M. Concealing or Revealing the Family? Corporate Brand Identity Strategies in Family Firms [J]. Family Business Review, 2011, 24 (3): 197 – 216.

[151] Dyer W G, Whetten D A. Family Firms and Social Responsibility: Preliminary Evidence from the S&P 500 [J]. Entrepreneurship Theory & Practice, 2006, 30 (6): 785 – 802.

[152] Zellweger T M, Nason R S, Nordqvist M, et al. Why Do Family

Firms Strive for Nonfinancial Goals? An Organizational Identity Perspective [J]. Entrepreneurship Theory & Practice, 2013, 37 (2): 229 -248.

[153] Porta R L, Lopezdesilanes F, Shleifer A, et al. Law and Finance [J]. Journal of Political Economy, 1998, 106 (6): 1113 -1155.

[154] Claessens S, Djankov S, Lang L H. Who controls East Asian corporations and the implications for legal reform [J]. Public Policy for the Private Sector, 1999 (195): 1 -8.

[155] Gargiulo M, Benassi M. The Dark Side of Social Capital [J], 1999 (299): 298 -322.

[156] Healy P M, Palepu K G. Information asymmetry, corporate disclosure, and the capital markets: A review of the empirical disclosure literature [J]. Journal of Accounting & Economics, 2004, 31 (1 -3): 405 -440.

[157] Villalonga B, Amit R. How do family ownership, control and management affect firm value? [J]. Journal of Financial Economics, 2006, 80 (2): 385 -417.

[158] Lang M H, Lins K V, Miller D P. Concentrated Control, Analyst Following, and Valuation: Do Analysts Matter Most When Investors Are Protected Least? [J]. Journal of Accounting Research, 2004, 42 (3): 589 -623.

[159] Leuz C, Nanda D, Wysocki P D. Earnings Management and Investor Protection: An International Comparison [J]. Journal of Financial Economics, 2003, 69 (3): 505 -527.

[160] Ma L, Ma S, Tian G. Corporate Opacity and Cost of Debt for Family Firms [J]. European Accounting Review, 2017, 26 (1): 27 -59.

[161] Nekhili M, Nagati H, Chtioui T, et al. Corporate social responsibility disclosure and market value: Family versus nonfamily firms [J]. Journal of Business Research, 2017 (77): 41 -52.

[162] 徐向艺，宋理升，王亚斌．民营上市公司实际控制人与信息披露透明度研究 [J]. 山东大学学报（哲学社会科学版），2010，55（4）：107 -112.

[163] 石水平，石本仁．家族控股、超额控制与大股东利益侵占——来自我国上市公司的经验证据．中国会计学会 2007 年学术年会论文集

（下册）[C]. 2007.

[164] 许静静. 家族企业外聘CEO类型、两权分离度与企业特质信息披露 [J]. 上海财经大学学报，2015，17（6）：90-100.

[165] Holmstrom B. Agency costs and innovation [J]. Journal of Economic Behavior & Organization，1989，12（3）：305-327.

[166] 郝盼盼. CEO过度自信与企业创新投入决策研究 [D]. 山西大学，2017.

[167] 李汇东，唐跃军，左晶晶. 用自己的钱还是用别人的钱创新？——基于中国上市公司融资结构与公司创新的研究 [J]. 金融研究，2013，56（2）：170-183.

[168] Opler T C，Titman S. Financial Distress and Corporate Performance [J]. Journal of Finance，1994，49（3）：1015-1040.

[169] Hall B H. The Financing of Research and Development [J]. Oxford Review of Economic Policy，2002，18（1）：35-51.

[170] Chen S，Sun Z，Wang Y. Evidence from China on Whether Harmonized Accounting Standards Harmonize Accounting Practices [J]. Accounting Horizons，2002，16（3）：183-197.

[171] Sciascia S，Nordqvist M，Mazzola P，et al. Family Ownership and R&D Intensity in Small - and Medium - Sized Firms [J]. Journal of Product Innovation Management，2015，32（3）：349-360.

[172] Tremblay M，Chênevert D. Influence of compensation strategies in Canadian technology - intensive firms on organizational and human resources performance [J]. Group & Organization Management，2008，33（3）：269-302.

[173] Caprio L，Croci E，Giudice A D. Ownership structure，family control，and acquisition decisions [J]. Journal of Corporate Finance，2011，17（5）：1636-1657.

[174] Bretonmiller I L，Miller D. Why Do Some Family Businesses Out - Compete? Governance，Long - Term Orientations，and Sustainable Capability [J]. Entrepreneurship Theory and Practice，2006，30（6）：731-746.

[175] Chrisman J J，Fang H，Kotlar J，et al. A Note on Family Influ-

ence and the Adoption of Discontinuous Technologies in Family Firms [J]. Journal of Product Innovation Management, 2015, 32 (3): 384 -388.

[176] Rosenbusch N, Brinckmann J, Bausch A. Is innovation always beneficial? A meta - analysis of the relationship between innovation and performance in SMEs [J]. Journal of Business Venturing, 2011, 26 (4): 441 -457.

[177] Flannery M J, Rangan K P. Partial Adjustment Toward Target Capital Structures [J]. Journal of Financial Economics, 2006, 79 (3): 469 -506.

[178] 贺小刚，连燕玲，李婧．家族控制中的亲缘效应分析与检验 [J]. 中国工业经济，2010，27 (1): 135 -146.

[179] Pindado J, Requejo I, Torre C D L. Family control and investment - cash flow sensitivity: empirical evidence from the Euro zone [J]. Journal of Corporate Finance, 2011, 17 (5): 1389 -1409.

[180] Chung K H, Pruitt S W. A Simple Approximation of Tobin's q [J]. Financial Management, 1994, 23 (3): 70 -74.

[181] 胡有林，韩庆兰．顾客参与对产品服务系统创新绩效的影响研究——基于产品与服务组合的调节分析 [J]. 管理评论，30 (12): 76 -88.

[182] 陈志军，闵亦杰，蔡地．家族涉入与企业技术创新：国际化战略与人力资本冗余的调节作用 [J]. 南方经济，2016，34 (9): 61 -76.

[183] 朱沆，叶琴雪，李新春．社会情感财富理论及其在家族企业研究中的突破 [J]. 外国经济与管理，2012，34 (12): 56 -62.

[184] 陈建林．家族涉入对创业企业债务融资的影响——基于社会资本视角的研究述评 [J]. 中央财经大学学报，2013，1 (8): 79 -83.

[185] Lin C, Ma Y, Malatesta P, et al. Ownership structure and the cost of corporate borrowing [J]. Journal of Financial Economics, 2011, 99 (1): 1 -23.

[186] Bushman R M, Piotroski J D, Smith A J. What Determines Corporate Transparency [J]. Journal of Accounting Research, 2004, 42 (2): 207 -252.

[187] 储小平，王宣喻．私营家族企业融资渠道结构及其演变 [J]. 中国软科学，2004 (1)：62 - 67.

[188] 周兰，谢海强．基于经济波动的企业信贷融资与信息透明度关系研究 [J]. 中国管理科学，2013，30 (s1)：220 - 226.

[189] Chung H M. The role of family management and family ownership in diversification: The case of family business groups [J]. Asia Pacific Journal of Management, 2013, 30 (3): 871 - 891.

[190] Gomezmejia L R, Makri M, Kintana M L. Diversification Decisions in Family - Controlled Firms [J]. Journal of Management Studies, 2010, 47 (2): 223 - 252.

[191] 魏志华，李常青．家族控制、法律环境与上市公司信息披露质量——来自深圳证券交易所的证据 [J]. 经济与管理研究，2009 (8)：95 - 102.

[192] Kellermanns F W, Eddleston K A, Zellweger T M. Extending the Socioemotional Wealth Perspective: A Look at the Dark Side [J]. Entrepreneurship Theory & Practice, 2012, 36 (6): 1175 - 1182.

[193] Drago C, Ginesti G, Pongelli C, et al. Reporting strategies: What makes family firms beat around the bush? Family - related antecedents of annual report readability [J]. Journal of Family Business Strategy, 2017, 9 (2): 142 - 150.

[194] Hooghiemstra R. Corporate Communication and Impression Management: New Perspectives Why Companies Engage in Corporate Social Reporting [J]. Journal of Business Ethics, 2000, 27 (1/2): 55 - 68.

[195] Armstrong C S, Guay W R, Weber J P. The role of information and financial reporting in corporate governance and debt contracting [J]. Journal of Accounting & Economics, 2011, 50 (2): 179 - 234.

[196] Francis J, Schipper K, Vincent L. Earnings and dividend informativeness when cash flow rights are separated from voting rights [J]. Journal of Accounting & Economics, 2005, 39 (2): 329 - 360.

[197] Boubakri N, Guedhami O, Mishra D, et al. Political connections and the cost of equity capital [J]. Journal of Corporate Finance, 2012, 18

(3): 541 -559.

[198] Jiang H, Habib A, Hu B. Ownership concentration, voluntary disclosures and information asymmetry in New Zealand [J]. British Accounting Review, 2011, 43 (1): 39 -53.

[199] Dyck A, Zingales L. Private benefits of control: an international comparison [J]. Journal of Finance, 2004, 59 (2): 537 -600.

[200] 夏立军,陈信元. 市场化进程、国企改革策略与公司治理结构的内生决定 [J]. 经济研究, 2007, 53 (7): 82 -95.

[201] Jia C. The Difference of Portfolio Allocation between State - owned Banks and Joint - equity Banks in China [J]. Economic Research Journal, 2007, 53 (7): 124 -136.

[202] Cheng X, Tan Y, Liu J, et al. Corporate Value, Voluntary Disclosure and the Process of Marketization [C]. Proceedings of the 3rd International Conference on Financial Risk and Corporate Finance Management, 2011.

[203] 王小鲁,樊纲,余静文. 中国分省份市场化指数报告 [M]. 北京: 社会科学文献出版社, 2016.

[204] Baron R M, Kenny D A. The Moderator - Mediator Variable Distinction in Social Psychological Research: Conceptual, Strategic, and Statistical Considerations [J]. Journal of Personality and Social Psychology, 1986, 51 (6): 1173 -1182.

[205] 温忠麟,张雷,侯杰泰. 中介效应检验程序及其应用 [J]. 心理学报, 2004, 36 (5): 614 -620.

[206] Judd C M, Kenny D A. Process Analysis Estimating Mediation in Treatment Evaluations [J]. Evaluation Review, 1981, 5 (5): 602 -619.

[207] James L R, Brett J M. Mediators, moderators, and tests for mediation [J]. Journal of Applied Psychology, 1984, 69 (2): 307 -321.

[208] Armstrong C S, Guay W R, Weber J P. The role of information and financial reporting in corporate governance and debt contracting [J]. Journal of Accounting & Economics, 2010, 50 (2): 179 -234.

[209] De Massis A V, Minin A D, Frattini F. Family - driven innovation: resolving the paradox in family firms [J]. California Management Review,

2015, 58 (1): 5 - 19.

[210] Scherer F M, Harhoff D. Technology policy for a world of skew - distributed outcomes [J]. Research Policy, 2004, 29 (4): 559 - 566.

[211] Healy P M, Palepu K G. Information Asymmetry, Corporate Disclosure and the Capital Markets: A Review of the Empirical Disclosure Literature [J]. Journal of Accounting and Economics, 2001, 31 (1): 405 - 440.

[212] Gomezmejia L R, Larrazakintana M, Makri M. The determinants of executive compensation in family - controlled public corporations [J]. Academy of Management Journal, 2003, 46 (2): 226 - 237.

[213] 陈建林，冯昕珺，李瑞琴. 家族企业究竟是促进创新还是阻碍创新？——争论与整合 [J]. 外国经济与管理，2018 (4): 140 - 152.

[214] 朱沆，Kushins E，周影辉. 社会情感财富抑制了中国家族企业的创新投入吗？[J]. 管理世界，2016, 270 (3): 99 - 114.

[215] Young M N, Peng M W, Ahlstrom D, et al. Corporate Governance in Emerging Economies: A Review of the Principal - Principal Perspective [J]. Journal of Management Studies, 2010, 45 (1): 196 - 220.

[216] Morck R, Yeung B. Corporate Governance, Economic Entrenchment, and Growth [J]. Journal of Economic Literature, 2005, 43 (3): 655 - 720.

[217] Lambert R A. Contracting theory and accounting [J]. Journal of Accounting & Economics, 2001, 32 (1 - 3): 3 - 87.

[218] Healy P M, Palepu K G. Information asymmetry, corporate disclosure, and the capital markets: a review of the empirical disclosure literature [J]. Journal of Accounting & Economics, 2001, 31 (1 - 3): 405 - 440.

[219] 唐清泉，徐欣. 企业 R&D 投资与内部资金——来自中国上市公司的研究 [J]. 中国会计评论，2010 (3): 341 - 362.

[220] Porta R L, Shleifer A. Corporate Ownership around the World [J]. Journal of Finance, 1999, 54 (2): 471 - 517.

[221] 李慧云，刘镝. 市场化进程、自愿性信息披露和权益资本成本 [J]. 会计研究，2016, 37 (1): 71 - 78.

[222] Preacher K J, Hayes A F. SPSS and SAS procedures for estimating

indirect effects in simple mediation models [J]. Behavior Research Methods Instruments & Computers, 2004, 36 (4): 717 - 731.

[223] 余恕莲，王藤燕. 市场化进程、去家族化与研发投入——基于中国高新行业上市家族企业的实证研究 [J]. 技术经济，2016，35 (9): 27 - 34.

[224] 陈德球，钟昀珈. 制度效率、家族化途径与家族投资偏好 [J]. 财经研究，2011，56 (12): 107 - 117.

[225] Kim W C, Mauborgne R. Blue Ocean Strategy: From Theory to Practice [J]. California Management Review, 2005, 47 (3): 105 - 121.

[226] Burkart M, Panunzi F, Shleifer A. Family Firms [J]. Journal of Finance, 2010, 58 (5): 2167 - 2202.

[227] Lee J. The Effects of Family Ownership and Management on Firm Performance [J]. SAM Advanced Management Journal, 2004, 69 (4): 46 - 60.

[228] Morck R, Yeung B. Agency Problems in Large Family Business Groups [J]. Entrepreneurship Theory and Practice, 2003, 27 (4): 367 - 382.

[229] Gomezmejia L R, Nuneznickel M, Gutierrez I. The Role of Family Ties in Agency Contracts [J]. Academy of Management Journal, 2001, 44 (1): 81 - 95.

[230] 叶陈刚，王藤燕. 信息透明度、企业价值与去家族化——基于中国家族上市企业的实证研究 [J]. 当代经济管理，2016，38 (12): 19 - 27.

[231] Cruz C, Gomezmejia L R, Becerra M. Perceptions of Benevolence and the Design of Agency Contracts: CEO - TMT Relationships in Family Firms [J]. Academy of Management Journal, 2010, 53 (1): 69 - 89.

[232] Sharma P, Manikutty S. Strategic Divestments in Family Firms: Role of Family Structure and Community Culture [J]. Entrepreneurship Theory & Practice, 2010, 29 (3): 293 - 311.

[233] Micelotta E R, Raynard M. Concealing or revealing the family? Corporate brand identity strategies in family firms [J]. Family Business Review, 2011, 24 (3): 197 - 216.

[234] Martínez J I, Stöhr B S, Quiroga B F. Family Ownership and Firm

Performance: Evidence From Public Companies in Chile [J]. Family Business Review, 2010, 20 (2): 83-94.

[235] 叶银华．家族控股集团、核心企业与报酬互动之研究——台湾与香港证券市场之比较 [J]. 管理评论（中国台湾），1999, 18 (2): 59-86.

[236] Eddleston K A, Kellermanns F W. Destructive and productive family relationships: A stewardship theory perspective [J]. Journal of Business Venturing, 2007, 22 (4): 545-565.

[237] Faccio M, Young L. Dividends and Expropriation [J]. Social Science Electronic Publishing, 2001, 91 (1): 54-78.

[238] Lins K V. Equity Ownership and Firm Value in Emerging Markets [J]. Journal of Financial & Quantitative Analysis, 2003, 38 (1): 159-184.

[239] Cronqvist H. Agency Costs of Controlling Minority Shareholders [J]. Journal of Financial & Quantitative Analysis, 2003, 38 (4): 695-719.

[240] King M R, Santor E. Family values: Ownership structure, performance and capital structure of Canadian firms [J]. Journal of Banking & Finance, 2008, 32 (11): 2423-2432.

[241] Dyer W G. Examining the 'Family Effect' on Firm Performance [J]. Family Business Review, 2006, 19 (4): 253-273.

[242] Barontini R, Caprio L. The effect of family control on firm value and performance: Evidence from continental Europe [J]. European Financial Management, 2006, 12 (5): 689-723.

[243] Chrisman J J, Chua J H, Kellermanns F W, et al. Are family managers agents or stewards? An exploratory study in privately held family firms [J]. Journal of Business Research, 2007, 60 (10): 1030-1038.

[244] Mcconaughy D L, Phillips G M. Founders versus Descendants: The Profitability, Efficiency, Growth Characteristics and Financing in Large, Public, Founding-Family-Controlled Firms [J]. Family Business Review, 1999, 12 (2): 123-131.

[245] Gersick K E, Davis J A, Hampton M C, et al. Generation to Generation: Life Cycles of Family Business [J]. Nations Business, 1997, 4 (2): 109-110.